粤趣学堂丛书

粤语有段古

李沛聪◎编著

李卓言　韦静雯◎绘图

编　委

钟少薇　谢洁华　何雪妍　肖艳红

赵志光　周永贤　刘芷茵　何文辉

李　楠　谷　蕾　戴燕梅　骆晓晖

颜群力　黄德用

SPM 南方传媒　广东人民出版社

·广州·

图书在版编目（CIP）数据

粤语有段古 / 李沛聪编著；李卓言，韦静雯绘图.
—广州：广东人民出版社，2018.12（2023.4重印）
（粤趣学堂丛书）
ISBN 978-7-218-13231-0

Ⅰ．①粤… Ⅱ．①李… Ⅲ．①粤语－俗语－通俗读物
Ⅳ．①H178-49

中国版本图书馆CIP数据核字(2018)第242885号

YUEYU YOU DUAN GU

粤语有段古 李沛聪 编著 李卓言，韦静雯 绘图 版权所有 翻印必究
出 版 人：肖风华

责任编辑：黄洁华　李丽珊
责任技编：吴彦斌　周星奎
装帧设计：友间文化　黄新乐

出版发行：广东人民出版社
地　　址：广东省广州市越秀区大沙头四马路10号
　　　　　　（邮政编码：510199）
电　　话：（020）85716809（总编室）
传　　真：（020）83289585
网　　址：http://www.gdpph.com
印　　刷：广州市豪威彩色印务有限公司
开　　本：889毫米×1194毫米　1/32
印　　张：3.625　　**字　数：**100千
版　　次：2018年12月第1版
印　　次：2023年4月第6次印刷
定　　价：35.00元

如发现印装质量问题，影响阅读，请与出版社（020-85716849）联系调换。
售书热线：（020）85716833

前言 *Preface*

语言，是承载记忆的载体。

在漫长的岁月里，虽然历经变迁，但语言往往能够以其口口相传的特性，留住很多书本上不曾记录的记忆，而这些记忆也逐渐成为我们文化的一部分。

但是，近几十年来，社会的变化实在太过迅速，今天还是全民流行的新鲜玩意，几年之间便可以销声匿迹，无处可寻。于是，记忆的更迭也越来越快速，越来越多的东西被留在了岁月的流逝之中。

粤语，作为一个拥有着悠久历史，以及大量使用人群的语种，至今依然在粤港澳以及广西海南部分地区被广泛使用。但随着时代的快速变迁，有很多曾经活灵活现、生动活泼的词句，变得渐渐不为年轻人所熟知，更遑论这些词句背后所蕴含的故事和文化背景了。

对于使用粤语的人来说，这无疑是一件很可惜的事，因为这不但意味着记忆的流失，还意味着语言的乏味和单调。所以近两年来，我一直致力于收集一些地道的粤语词句背后的故事，继而把它们录制成声音，在广播电台以及新媒体平台上传播。

很有幸，这次得到越秀区图书馆的大力支持，把这些内容集结成书出版，希望这本小书能够为留住粤语文化的一些记忆，略尽一点绵薄之力。

当然，这本书也不仅仅是编给讲粤语的朋友，无论你是否会讲粤语，了解一些粤语背后的文化，都是一件有趣又益智的事。

而我的老本行是电台节目主持人，所以这本书的每一个故事，都能通过扫描二维码，用手机收听我的讲解。

希望这本小书，能让读者对粤语多一分了解，多一分兴趣，那我就很是心满意足了。

李沛聪

前 言

目录
Contents

冷手执个热煎堆

"热煎堆"为什么要用"冷手执"？

煎堆，是中国的传统小吃，在各地的叫法都有不同，用糯粉油炸而成，外圆而中空，表面布满芝麻，香脆可口，是旧时广东人过年的必备食物，所谓"年晚煎堆，人有我有"。

　　关于煎堆，粤语里面有句俚语，叫"冷手执个热煎堆"，讲的是一个人运气好，没付出什么努力就大有收获。例如几个人竞争上岗，有个人条件本来比较差，但因为其他的人出现问题或者差错，被他成功上位，我们就可以说他是"冷手执个热煎堆"啦。

　　那为什么热煎堆要用冷手去"执"呢？原来，煎堆是油炸之物，刚刚出油锅的时候，十分烫手，一般人伸手去拿肯定是要被烫到的。而煎堆既然是年货，一般自然是在大冬天炸的，天寒地冻，手当然也很冷，冷冰冰的手去"执"煎堆，就不怕被烫到，可以顺利拿起来了。

　　炸煎堆的人干得热火朝天，可手不够冷拿不起出炉煎堆，而在旁边不用干活手冰冷的人却能拿煎堆去吃，这就是"冷手执个热煎堆"了。

打斧头

「打斧头」究竟怎么占便宜？

在粤语里面，形容一个人在替人做买卖或者代办事情的时候，通过截流一部分占点小便宜，叫做「打斧头」。这个词的出处，据说是来自于早年的打铁铺。

　　话说以前打铁铺打造各种不同的工具对外出售时，用的钢材质量都会有所不同。例如打菜刀，当然就没有必要用到打造兵器的材料。好钢造好刀，锋利、长久又耐用，价格自然也比较贵；用普通铁料打造的刀具容易钝，耐用程度一般，价格自然也就比较亲民。

　　当时，打铁铺的经营方式有两种：一是用自己店铺的铁料打造产品出售，二是顾客来料加工。而"打斧头"说的是来料加工这一种。

　　一般来说，木匠靠斧刀吃饭，用的斧头需要好钢来打造，才能保持长久锋利，因此木匠常常自己寻觅优质的材料，送到铁铺订造斧头。因为以前好的钢材难得而且价格高，铁匠拿到木匠送来的好钢后，常常会切一半出来，用另一半混入半块普通铁料来锻打，只要保证优质的材料打在斧口那一边，外人是看不出来的，也不影响斧头的锋利和耐用。这样一来，铁匠就等于用半块普通铁料换了半块好钢，占了便宜。

死鸡撑饭盖

"死鸡"为什么会"撑饭盖"?

"死鸡撑饭盖"这个词，是用来形容那些明明是自己错了，却抵死不肯认错，还编很多理由给自己辩护的人。例如大家看新闻，时常会看到那些在路上碰瓷的人，明明已经被行车记录仪或者监控录下他碰瓷的过程，还依然狡辩说自己确实被撞到，你就可以骂这些人"死鸡撑饭盖"啦。

那么，这个词究竟是怎么来的呢？死鸡为什么会撑饭盖呢？

大家如果蒸过鸡，应该都知道，把光鸡放到饭煲里面蒸，蒸熟了之后，鸡脚确实会蹬直，如果这只鸡比较大，就很有可能会把煲盖给撑开。为什么会这样呢？原来，刚劏洗干净的鸡，鸡脚关节还是柔软灵活的，所以能够弯曲着塞进煲里面。而在放进锅里蒸热之后，鸡脚的筋便会收缩使鸡脚撑直，甚至把煲盖也撑开来。

明明死了，还要硬撑，这个状况用来形容那些打死不肯认错的人，实在是形象生动到极点啊！

我们之前都说过，粤语的俚语里面，和吃有关的词语很多，这个当然是跟广东人爱吃有关。而在广东人最喜欢吃的食品里面，鸡绝对是排前三位甚至第一位的，所以跟鸡有关的粤语词语也特别多，这一回又给大家讲一个——死鸡撑饭盖。

打边炉

「『打边炉』和吃火锅是一回事吗？」

现在在广东地区川菜馆湘菜馆等等辣菜餐厅盛行，很多餐厅都有火锅供应。而粤语里面对于吃火锅，喜欢称为「打边炉」，而一般人也都认为「打边炉」就是吃火锅，两者并无区别。

但事实上，"打边炉"和吃火锅，还是有些细微的区别之处的。

先讲讲"打边炉"的由来。在广东省发展起来之前，沿海大部分地区还是小渔村，渔民们打完一天的鱼回来，晚上想聚个餐喝喝酒，怎么办呢？大家就在泥做的炉里点起木炭，上面再撑起一口泥做的锅，也就是砂锅，锅里放上高汤或是沙爹汤，然后大家呼朋唤友，一起带着各自打渔剩下的食材，聚在一堆一起涮海鲜吃。因为大家用的都是公筷，而且地方太小不能坐，索性大家都围着炉子站着吃，所以这种景象，就被形象地称作"打边炉"了！

所以广东地区的"边炉"，和内地省份的"火锅"，其实还是有点区别的。首先，广东人一般不在春夏季节"打边炉"，事关广东水热，大家怕上火；其次，"打边炉"一般都用清汤或者海鲜汤底，吃的也是以海鲜为主。

而内地的火锅则一年四季都可以吃，食材也以红肉为主。理论上说，这些火锅都不应该称为"打边炉"，不过现在大家都叫习惯了，也就不再在意这些小细节了。

乱噏廿四

乱说话为什么是二十四，而不是三十六？

「乱噏廿四，在粤语里面是指胡说八道，乱说一通的意思。」

　　噏，是粤语说话的意思，"乱噏"，自然就是乱说话了。但为什么"乱噏"后面，要跟廿四，也就是二十四，而不是七十二，也不是三十六呢？原来，这里面有点小巧妙。我们小时候都学过九九乘法表，知道"三八就廿四"——三八二十四，所以这个二十四，其实是暗指三八的意思，也就是骂人家是喜欢乱说话，好讲是非的"八婆"了。

大头虾

「大头虾」是用来吃的吗？

广东人喜欢吃，这是全国人民都知道的，所以粤语里面有很多词语都和吃有关。例如「大头虾」，就是其中一例。

在粤语里面，"大头虾"，并不是指那些用来吃的虾，而是指那些粗心大意，做事丢三拉四的人。例如阿妈看儿子做功课做错了，就会骂儿子"乜你咁大头虾架！"

那么大头虾这个说法有何出处呢？早在明代，就有一篇文章叫做《大头虾说》，作者叫陈献章。原文是文言文，大意是说有客人问，你们乡下对那些不能勤俭节约、喜欢铺张浪费乱花钱的人都叫大头虾，是什么原因呢？作者就告诉客人说，有一种虾头特别大，须长眼大，看起来很大只，但吃这种虾吃几百只都吃不饱，我们就叫它"大头虾"，说的就是那些看起来厉害其实没真本领的人。

由此可见，"大头虾"原本是用来讽刺那些名不副实的人。不过经过几百年的变迁，这个词的意思已经有所变化，成为了粗心大意的意思了。

至于"大头虾"实际上指的究竟是哪种虾，这就说法很多了，有人说是罗氏沼虾，有人说是来自南洋的大虾，大家对它的由来反倒是不怎么计较。

大石砸死蟹

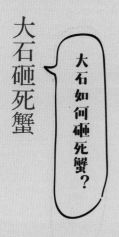

大石如何砸死蟹?

大石砸死蟹,是粤语里面形容用强权将人压服的意思。「砸」字应该是写作「石乇」,是压的意思。

话说在雍正年间,广州石井一带有个地方小官,人称祝巡检。别看祝巡检官职不高,但为人清廉,在当地颇有口碑。

这天,一个衣衫褴褛,满面泥灰的人跌跌撞撞地跑进衙门。此人叫梁天来,他表哥是当地有权有势的大财主凌贵兴。凌贵兴为人蛮横霸道,又极为相信风水,结果听风水佬说表弟梁天来的祖屋是一风水宝地,住在那里可以保佑他世代发财,便连兄弟情都不顾,要赶走表弟全家。遭到梁家拒绝后,惨无人道的凌贵兴居然使出放火烧死梁家一家的阴招,从火中逃出来的梁天来便跑到祝巡检这儿报案来了。

凌贵兴仗着自己家财万贯,与地方官员的关系十分密切,听说表弟跑到祝巡检那儿去了,冷笑一声,抓了一包白银来到衙门,又准备用钱搞掂。祝巡检早就听说过凌贵兴的大名和他的恶行，对这脏钱嗤之以鼻，但是迫于凌兴贵势大，只好暂且收下。事后祝巡检苦苦思索对策，想出一妙招，把那一包银子打成一只银蟹，摆在花盆里，用石头压住，一来保留证据，二来也是提醒自己要不遗余力地追查此案。

借着祝巡检的暗中支持，梁天来成功进京上告，在朝廷的亲自查办下，凌贵兴和一众贪官均被严厉查办，祝巡检的银蟹自然也起到了重要的物证作用。百姓们对此案的明查拍手称快，"大石砸死蟹"这个词也在坊间传开了。

三唔识七

粤语里「三」为什么不认识「七」？

"三唔识七"这个词，来源于旧时广东地区比较流行的赌博游戏"天九"的其中一种玩法，叫做"合十"。玩家每人抽两张牌，加起来尾数为九点则最大，而十点等于零点，拿到就输定了。玩家一旦拿到一张三点，绝对不会希望下一张是七点，所以就会大叫"三唔识七"！

"唔识"就是不认识，见了面也不会认得，也就是希望三不要碰上七了。后来，这个词渐渐被用得越来越广泛，就变成了形容两个人不熟悉、互相不了解的意思了。

粤语的词语除了有很多与吃有关之外，也有不少与数字有关，颇具地方特色。例如「三唔识七」「九唔搭八」等等。

折堕

有咁耐风流，就有咁耐『折堕』！

在粤语里面，有一句非常之有哲理的话，叫"有咁耐风流，就有咁耐折堕"，说的是一个人得意的时候太过放纵自己，不懂得节制，就很容易失败收场。折堕这个词，不但蕴含失败、倒霉的意思，更有从高处跌落，乐极生悲的含义。如果讲得玄一点，更可以解释为"天使折翼，堕落凡间"的含义。

折堕这个词的出处一时间难以考究，但在古代的一些民间文艺作品都有见到。现在普通话已经基本上没有再使用这个词，唯有粤语保留了下来。大家如果听过许冠杰的歌，应该记得《半斤八两》里面有这样一句歌词：嗰种辛苦折堕讲出吓鬼，死俾你睇，咪话冇乜所谓。

粤语文化源远流长，很多词语都蕴含着丰富的意思，不能简单地从字面解读，还需要理解其背后的含义。例如『折堕』这个词，其中的含义就不仅仅是表面上的倒霉之意。

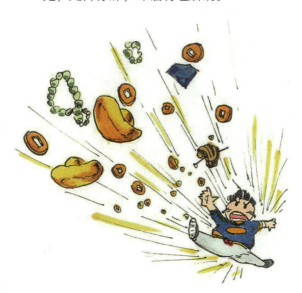

粤趣学堂丛书：粤语有段古 (11)

牙烟

『牙烟』跟牙齿有什么关系？

在粤语里，形容一个人或者一件事很危险，我们会讲『好牙烟』。那么这个『牙烟』，和牙齿、抽烟有什么关系呢？按说一个人再怎么抽烟，牙齿也就发黄变黑，不至于有什么十万火急的危险啊？

原来，"牙烟"这个词，是由古汉语词"崖广"异化而来。这个词在古代的读音应该是"ya-an"，"崖"是指山崖，"广"是指小房子。在悬崖边修建小房子，你说是不是很危险？

因为这个词的读音和"牙烟"比较接近，后来大家为了书写方便，就写成了"牙烟"，这两个字跟原来的意思已经没有关系了，但"危险"的意思还是保留了下来。

所以"牙烟"，其实真的不关牙齿的事哦。

频扑

粤语作为联合国教科文组织承认的世界第二大汉语语言，有许多独有的词语。这些词在普通话里很难找到直接的对应，准确的语境和语意往往需要意会一下才行。例如「频扑」，就是这样的一个词。

粤语里的频扑，是匆忙、劳碌奔忙的意思。所谓"频"，既有匆忙的意思，也有重复的意思，而"扑"，则是跑来跑去之意。一个人匆匆忙忙地反复跑来跑去，自然疲劳困顿，辛苦劳累。

所以粤语里面说到打工仔的辛苦，往往会说打工仔们"为两餐频频扑扑"，一语道尽"揾食艰难"的意味。相信各位打工的朋友都能体会得到。

当然了，现在很多朋友虽然工作辛苦，但都是坐在写字楼里面动脑，不需要在道路上奔忙，这时候就不宜用"频扑"这个词来形容自己啦。至于该用哪个词？大家不妨想一想。

猪笼

关于『猪笼』——猪笼八
水和浸猪笼

在粤语里面，有两个关于『猪笼』的词，一个是褒义、恭喜人的，另一个是贬义、骂人的。

在介绍这两个词之前，我先来解释一下猪笼。顾名思义，猪笼就是运送猪的笼子，用竹篾扎成圆柱形、网状、网口大单面开口。猪笼大小以猪为准，装成年猪的比较大，装乳猪的比较小。

好了，讲完猪笼，我们先来讲一下褒义词——猪笼入水。大家想象一下，猪笼是网状的笼子，一放进水里，水就从四面八方涌进来。广东人把钱财称为"水"，钱财从四面八方涌进来，你说有多高兴呢？所以粤语里形容或者恭喜人发财，就会说"猪笼入水"了。

至于"浸猪笼"，是旧时惩罚风化案的私刑手段，就是把人捆起来装进猪笼，浸到河水里面。轻的把头露出来，只是辛苦不会要命；重的则整个人泡进水里淹死。大家如果看电视剧看得多，应该都有看过村里私通的男女被浸猪笼的情节。所以遇到有伤风化之事，我们就会说"这样要浸猪笼的啊！"

当然，现在现代文明社会，这种私刑早就被废除啦。

烚熟狗头

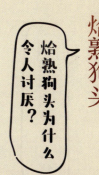

烚熟狗头为什么令人讨厌?

大家都知道,广东人喜欢吃,正所谓天上飞的除了飞机,四只脚的除了板凳,什么都敢吃。所以跟吃有关的粤语俚语也特别多。

我们粤语形容一个人笑得很假,皮笑肉不笑,一副阿谀奉承的样子,就会说这人笑得"烚熟狗头"一样。

为什么笑得假被称为"烚熟狗头"呢?没吃过狗肉的朋友可能不知道。原来,把狗头放进大锅里烚,因为加热的关系,烚熟之后狗的嘴巴就会裂开来像是笑脸一样。但实际上大家都知道它肯定不是真的想笑啦,都给人吃了还笑啥?

所以,粤语就用"烚熟狗头"来形容假笑了。

如果你见到个美女,你可以对着她"烚熟狗头",但千万不要说她的笑容是"烚熟狗头"啊!

还有,如果你见到你的同事对着你"烚熟狗头"的样子,你对他就要提防提防啦!

黐线

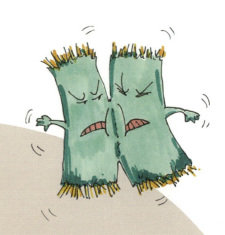

黐线黐的是什么线？

粤语骂人傻呼呼，精神不太正常，通常会骂他「黐线」。这个「黐线」究竟「黐」的是什么线呢？

首先要做个说明，好多人以为"黐线"是白痴的痴，其实是粘在一起的黐。所谓"黐线"，本意是电路一旦两条线粘在一起，就会发生短路。后来引申到人的神经系统，觉得一个人精神不正常或者傻呼呼，是因为神经系统某两条神经粘在一起，造成了思维混乱。

除此之外，关于"黐线"还有另一个说法。

话说早年广东和香港地区有很多工厂，早期都是做胶花的，很多女工都在里面粘胶花。因为日做夜做，做得天昏地暗，人也晕乎乎的，所以就用"黐胶花"来形容人精神不正常的状态；后来这些工厂逐渐改做电子了，女工们就开始黐电线，所以就叫"黐线"咯。

对于这两种讲法，我个人觉得第一种比较合理一点，不知道大家意下如何？

茂利

茂利原来是英语

很多人学一种语言，往往都是从骂人的话开始的，学多几句就算不用来骂人，起码人家骂自己的时候也不会傻乎乎不知道嘛。

这一回，给大家介绍一个粤语里面用来骂人的词——茂利。

"茂利"这个词，诞生于20世纪初。当时英国人在香港教当地人修建英式建筑。当时的英式建筑例如港督府之类，往往有很多大型窗户和阳台。这些窗户和阳台需要用大木桩作为主要支柱，这些大木桩分为两类，立着的叫mullion，横的叫transom。

当时香港人不懂英文，听见那些洋人指着一大根木杆大叫"mullion"，也就有样学样学着叫"茂利"。因为一根根木棍或木柱，看起来就像傻愣愣站着的人，后来茂利这个词就被用来形容一些蠢蠢钝钝的人了。

不过对于这个词，有些俗语专家就另有解释，认为"茂利"原是"谬戾"的变音，是指荒谬、乖戾合而为一的人，也就是"奸险小人"的意思。

对于这个说法，我就不太认同了。"茂利"虽然是个骂人蠢钝的话语，但与奸险小人似乎还相距甚远，所谓专家的解释，有时也未必就一定是对的。

发吽哣

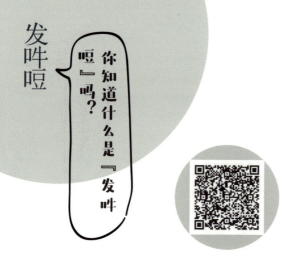

你知道什么是"发吽哣"吗?

在粤语里,有不少词语的历史都非常之悠久,保留了古汉语的用法,例如"吽哣"就是其中一个。所谓吽哣,是指一个人无精打采,恍恍惚惚的状态,普通话里面讲发呆,粤语就讲发吽哣。

"吽哣"这个词,原来的写法有点儿复杂,作"恟愁",在《楚辞》里面就有这个词,原文是:"直恟愁而自苦。"而唐朝韩愈的《南山诗》里面,也有这样一句:"茫如试矫首,堨塞生恟愁。"

后来,可能因为"恟愁"这两个字的写法太复杂,就被简化成"吽哣"了。所以大家千万不要以为"发吽哣",是个很粗俗的说法,其实比普通话的"发呆",要古色古香得多啊!

为什么旧车叫做『钱七』？

原来，"钱七"是个象声词，原本是指火船内燃机发出的摩擦声浪。内燃机经过常年使用，机件老化，配件的摩擦力加大，产生的杂音便越来越多，故此机器越旧，噪音就越大，尤其是火船内燃机引动活门不断开关，就会发出"钱七钱七"的声浪。

以前，有很多工人喜欢用机器发出的声音来称呼机器，旧机器的"钱七"声特别大，所以工人们就将旧机器叫作"钱七"。后来引申到汽车，就把旧车叫作"钱七"了。

中国人说话喜欢自谦，即使买了辆新车，也会谦虚地说只是"钱七"而已，渐渐地，这个词也就主要用来形容汽车。当然了，如果有个广东人跟你说他开的是台"钱七"，你千万别轻易相信哦！因为我们广东人大部分都很低调啊。

在粤语里面，对旧车有个别称，叫『钱七』。究竟钱七这个词是怎么来的呢？

贼佬试沙煲

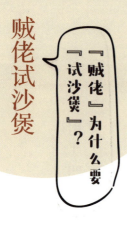

「贼佬」为什么要「试沙煲」?

广东人素有煲中药的习惯，用来煲中药的器具主要是沙煲，这些沙煲一般有人头大小，被称为四方瓦煲。以前小偷在入屋盗窃之前，往往会先把瓦煲伸进房里试探，如果房里的人早有察觉，看见沙煲以为是个人头，必定一棍把这瓦煲打烂，小偷自然赶紧逃之夭夭；如果瓦煲伸进去平安无事，那就说明屋子里没有人，或者并未察觉小偷入屋，小偷就可以安心爬进屋子里，大肆盗窃。

所以，广东人就用"贼佬试沙煲"，来形容那些试探性的举措，有个歇后语叫"贼佬试沙煲，试下先"，也就是想做什么事，先试一试的意思。

不过一般来说，这个词都是作为贬义词用，没理由说"某位先进分子劳动模范贼佬试沙煲，尝试新的生产方式"啊，对不对？

粤语里面有个讲法，叫『贼公计，状元才』，意思是说论起才华当然是状元最高，而讲到诡计呢，则是盗贼最为厉害了。『贼佬试沙煲』，就是以前小偷盗窃时的计谋。

『单料铜煲』靠不住

在20世纪四五十年代，很多广州人家里都喜欢用铜器，家境好一点的就会多几件。铜煲、铜盘、铜锅、铜勺……甚至还有巨大的烧水铜器"浑水炉"。

在打造这些铜器时，铜器制作者为求保证质量，通常都会在选料方面特别讲究，选取材质厚实的铜料来打造器皿，这种厚实的铜料称作双料，制成的铜煲便叫"双料铜煲"，坚固耐用。

而所谓单料，是指材质比较薄的材料，质量当然比较差，不耐用，容易穿煲（底）。而"穿煲"，粤语又作底细败露的意思。这样，"单料铜煲"靠不住的含义便跃然纸上。

广州话形容一个人城府不深、不稳重、不踏实、待人处事轻率、靠不住，就会说他是"单料铜煲"。

食夜粥

东西吃

"食夜粥"其实没有东西吃

在粤港澳和海外华人地区，"食夜粥"是练功夫的代名词。旧时，徒弟晚上到师父家学功夫，师母必定会熬美味的老火粥，大家练完功后便一起吃粥宵夜，久而久之，"食夜粥"便成为练功夫的代名词。随着时代的变迁，武术界"食夜粥"之风俗也就逐渐消失。

　　关于"食夜粥"还有另外一个说法：从前江湖上各个门派的武馆林立，它们有些是行业组织，有些则是带有黑社会性质的武馆，他们通过教功夫、教舞狮子来招揽门徒，以此扩大势力、影响力。而对于打工仔来说也可以有个好去处，每月只交少量学费，既可以交朋结友，又可以参加站桩、打拳、舞狮……。可是老板都不喜欢他们去学武，怕他们误入黑社会，所以他们不敢告诉店铺或工厂里的人。有人问他们去哪里？他们也是支支吾吾，最后唯有编个理由，说去吃粥，于是渐渐的"约定俗成"，把"食夜粥"这一说法变为晚上学功夫的代名词了。

陆荣廷睇相

陆荣廷睇相：有趣的粤式骂人法

旧时，广州的城隍庙香火很是旺盛。于是，不少给人看相、算命和卜卦的江湖术士，都会在庙前的广场上摆摊谋生。

这些算命佬行走江湖多年，知道来算命的大都是遇上疑难或者困境，所以，客人一坐下，算命佬开口就是『看你满面晦气，衰运正当头』之类的难听话，以示自己目光如炬。随后才话锋一转：『幸好你运气还不算最差，找到我就有救啦！』后续当然又是胡说八道的鬼话，诱人入局，赚人钱财。

1916年8月间，广西军阀陆荣廷调任粤省督军，还一度兼任两广巡阅使，显赫一时。

这陆荣廷到任后，一直听闻城隍庙前有不少相师，倒也心生好奇。再加上他这人自信满满，认为自己命中富贵，很想知道那些江湖术士是否真的神机妙算，能一眼看出自己的"贵相"？于是，他便假扮成一名商人，随从马弁也装作是仆人，大摇大摆地前往城隍庙去一探究竟。

到了庙前广场，他随便挑了个算命摊坐下，便说要看相。那相士自然不知道眼前人竟是督军大人，就一如往常地施展伎俩，一开口先把他臭骂一顿："睇（看）你个衰样，死到临头还到处晃荡！不出三日……"

陆荣廷被莫名其妙地奚落一顿，蹭地一下火气就上来了，正要发作，马弁赶紧使眼色，请他不要暴露身份。陆荣廷只好忍气吞声，听完这顿胡诌，最后一言不发，铁着脸离开了。

回到督署后，陆荣廷越想越气，跟幕僚们说了这遭遇，决计要跟那相士秋后算账。没想到幕僚们却暗中知会了相士，让他连夜逃离。

这件事一传十，十传百，倒成了坊间笑谈。从此，广州人就有了一句俗谚："陆荣廷睇相，唔衰攞嚟衰！"即自讨没趣，自讨苦吃的意思。

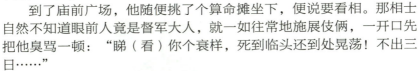

冇雷公咁远

「冇雷公咁远」究竟有多远？

粤语里面形容一个地方很遥远、很偏僻，就会说「这个地方冇雷公咁远」。那么这个说法是怎样得来的呢？

据说，古代神话中，雷公是专门惩治恶人的，谁犯了恶都会被雷公追到，遭受天打雷劈。而雷公是天神，应该什么地方都可以去到。

但如果你能跑到一个雷公都管不着的地方，那么那个地方就真的很远很远了……

而在清朝屈大均的《广东新语》里面，有这样一句："北方有无雷之国，南方热，有无日不雷之境。"意思是说南方天气湿热，有的地方整天打雷下雨，而在遥远的北方，有的地方是完全不打雷的。所以对于我们南方人来讲，不打雷的地方，当然是很遥远啦。

二打六

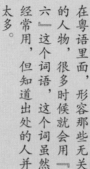

『二打六』的出处好特别

在粤语里面，形容那些无关重要的人物，很多时候就会用『二打六』这个词语，这个词虽然我们经常用，但知道出处的人并不是太多。

原来"二打六"是一个赌博的用语，出自"赌番摊"。番摊的摊盘是分开为四块的，"一"对着庄家，"二四"就是对两边的，"三"就是庄家的对面，开摊的时候，荷官用一支拨杆四颗为一组地拨开，最后剩下的数字就是开摊的数字了，买了二的看见剩下六颗就知道自己买中了，赌徒们看见就开玩笑说"见惯见熟，买二开六，今晚翻去煲猪肉"。

六减四等于二，六加二就等于两个四，而二四就坐在侧面，而不是正中间，所以后来大家就用"二打六"来形容那些不是坐中间，不是太重要的人。

冇尾飞砖

『冇尾飞砖』是什么东西？

在粤语里面，如果形容一个人神龙见首不见尾，经常找不到人，就会说这个人是『冇尾飞砖』。什么是『冇尾飞砖』呢？

原来，砖是砖的意思。早在宋朝的时候，就有艺人表演飞砖，每年的寒食节还有飞砖戏。这个飞砖的表演方式，是以绳缚着重物，上下挥动打圈，然后向目标飞去再收回来，感觉是有点像武器之中的流星锤。

但若这个砖没有绳子绑着，也就是"没有尾"，便会飞了出去收不回来了。所以大家就把那些整天不见踪影的人，叫做"冇尾飞砖"。

那么，为何打电话时闲话家常是叫"煲粥"，而不是"煲汤"或"煲饭"呢？

原来，"煲粥"的全称是"煲电话粥"。"煲"，在粤语里面有两个含义，一是煮食物的锅；另一个则是"煮"的意思。

"煲粥"的主要材料，本来应该是用米，而现在却换成了电话，也就意味着不用米来煲粥了。

没有用米去煲的粥，广东人称之为"冇米粥"；没有米的粥，既不能吃饱又没有营养，就称为冇米气。

广东人形容一个人做事不负责、不中用、无聊或不知所谓时，就叫"冇米气"或"唔凑米气"。

我们煮粥吃，是想有热粥暖肚，对身体有益，但如果吃的是没有米的粥，岂不是吃了等于没吃？

所以，拿电话讲一大堆毫无营养的废话，最终也聊不出个所以然，可真是名符其实的"煲电话粥"了！

煲粥

打电话在粤语里为什么叫『煲粥』？

『煲粥』一词，在广东话里，是『长时间地拿着电话筒跟别人无谓地闲谈』。

炒鱿鱼

「炒鱿鱼」的由来

「炒鱿鱼」，是解雇的代名词。这个词原本是粤语特有的，后来随着粤语的传播，连北方的朋友也学会用了。那么为什么解雇被称为「炒鱿鱼」呢？

以前，到广东或香港做工的外地人，雇主一般都会包食宿。这些离乡别井的打工仔，身上一般只带着轻便的包袱，顶多是多带一张棉被或竹席。

那时候的店铺，有很多是前铺后居，也就是房子的前半部分是营业的铺面，店主与伙记则同住在店后的房间或阁楼。

如果员工被老板开除，他就要收拾行李细软离开，这动作就称为"执包袱"或"炒鱿鱼"。

"执包袱"，看字面就能明白是什么意思，但要理解"炒鱿鱼"就需要靠想象力了！

原来，在广东菜里面有一道菜名为"炒鱿鱼"，也就是炒鱿鱼片，当鱿鱼片被炒熟时，会自动卷成圆圈状，正好像被开除的员工，在将自己的被铺（席或棉被）卷起一束时的模样，故此，除"执包袱"之外，被解雇又被称作"炒鱿鱼"。

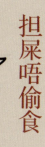

担屎唔偷食

担屎为什么要偷食？

在粤语里，有句用来形容人老实的俚语，叫『担屎唔识偷食』。我们小时候对于这个词往往很疑惑：担屎为什么要偷吃呢？屎有什么好吃的？

后来才知道，这个俚语背后有个挺辛酸的故事。

在几十年前，经过"一大二公"，连各家各户茅厕的"黄白之物"都是要交公的。当时连年欠收，农村公社希望可以多施肥保证产量，但化肥生产又跟不上，无论公田还是自留地，施肥都成问题。

于是各地农村公社组织社员成立挑肥队进城"担屎"以作救急，废物利用。

而"担屎唔偷食"这个词的发源地是在我们广东的南海、番禺等地，因为当时在这些地方组织人力进广州城挑肥（担屎）。据上了年纪的人回忆，当时真是盛况空前，几乎全部的精壮劳力全体出动驾着机船沿珠江而上。

为什么要这么多人去挑肥呢？据乡老解释是怕别的地方的人和他们抢"屎"，要保卫"胜利果实"。

当这些粪肥拿了回来之后，有些人就会偷偷用在自己的自留地上，而有些比较老实的就乖乖用在公田上，于是就被人说他们"担屎都唔识偷食"。

这个说法渐渐传开，到了现在就引申为老实的意思，对于当年的故事，现在已经很少人知道了。

电灯胆

不会做人的「电灯胆」

「电灯胆」这个词，在粤语里通常用来形容妨碍小两口拍拖恩爱的家伙，这样的角色当然是很令人讨厌的。

为什么要用"电灯胆"来形容这些碍眼的人呢？

原来在早年，广东地区民风淳朴，思想保守，父母看到女儿谈恋爱，心里往往既喜又怕，既高兴嫁女有望，又担心女儿吃亏，于是一旦女儿出门约会，就会派弟弟妹妹陪同姐姐一起去赴约。所以在那时候，男女拍拖，身边多了一个小朋友同行，是件非常常见的事。

这个破坏气氛但又甩不掉的小孩，就叫"电灯胆"了。很多人以为叫他做"电灯胆"，是因为电灯会发光，影响现场的浪漫气氛，其实这是个误解。"电灯胆"一词，来源于一句歇后语"电灯胆——唔通气"。

灯泡，需要把内部的空气抽空才能亮，所以是不能通气的，而广东话里"唔通气"，是指一个人不懂得人情世故，不知回避的意思。

所以这个碍手碍脚的小朋友，就被称为"电灯胆"，而他这种妨碍哥哥姐姐拍拖的行为，则称为"剥花生"。

原来，哥哥姐姐谈情说爱时，既怕陪伴而来的弟妹打搅，又怕他们太过无聊，所以，通常会买些零食，让他们打发时间的。当年的零食不多，以花生最为普遍，于是坐在一旁的小朋友，就常常以"剥花生"来解闷了！

"顶枊"一词，来自广东戏行术语，最原先的"顶枊"，是戏院满座的意思。

有人可能会觉得奇怪，戏院满座，不是叫"爆棚"吗？

原来，如果戏班下乡演出，一般在平地搭建临时竹制的戏棚，客满时，就叫做"爆棚"；而"顶枊"则是用于形容在固定建筑的戏院剧场内满座的景象。

早期南方的戏院，依照中国古老大屋的规格建成，一般只有地下一层堂座，没有二楼；堂座最前台上设有可以收放的银幕，方便唱大戏的时候可以卷起，台下则有两排座位，中间有人行道，入口在戏院后方，而入口处一般都使用木堂枊，也就是用圆木条做成的横栅，类似我们现在新房子的铁闸，作晚间防盗之用。

以前的戏院，除坐位票之外，也有出售站位票（买不到座票的可以站着看戏），如果入场人数太多，就会站到紧贴入口的木枊处，这便是"顶枊"了！

顶枊

"顶枊"顶的是什么枊？

"顶枊"，在粤语里是"最尽"或"极其量"的意思，究竟什么是真正的"顶枊"呢？

呃鬼食豆腐

骗鬼为什么要吃豆腐?

我们广东话里说一个人骗人,有个很特别的说法,叫「呃鬼食豆腐」。「呃」,就是骗的意思,所以这句话翻译成普通话就是「骗鬼吃豆腐」。

那么大家又知不知道,究竟为什么要骗鬼,而又为什么不吃别的东西而要吃豆腐呢?

这里面其实有段故事。

从前有个书生,他的口才非常厉害,经常把人骗得晕头转向。

有一晚,有一只鬼来到他家里。这只鬼已经饿了很久了,看见书生,就准备把他吃掉。

这个书生还真是大胆,一点也不惊慌,施施然地对鬼说:"你要吃我啊?我已经很多天没有洗澡了,我的肉又酸又臭,不好吃的。不如你吃我锅里的豆腐吧,豆腐比我的肉嫩多了。"

那只鬼也真是笨,对书生的话信以为真,就跑去把豆腐吃了,吃完之后还说真好吃。

第二天,书生把自己的经历加油添醋地讲给村民听,村民们纷纷感叹说:"你这个人骗人实在太厉害,连鬼都给你骗得不吃人,改行吃豆腐了。"

"呃鬼食豆腐"这个说法,就是这样来的。

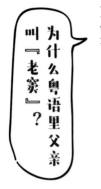

为什么粤语里父亲叫「老窦」?

我们广东人对父亲有个比较亲切的称呼："老窦"，这个叫法让父亲和子女之间的距离拉近不少。

那么"老窦"这个称呼，究竟是怎么来的呢?

很多人以为"老窦"的"窦"是大豆的"豆"，其实是姓窦的窦，而且这个老窦，是真有其人的。

在五代十国的时候，有个人叫窦禹钧，因为是燕山人士，他又被称为窦燕山。

这位窦禹钧自幼丧父，由母亲养大。他到了三十多岁都还没有儿子，大家都知道中国人最讲究传宗接代，不孝有三，无后为大，没有儿子这事令他非常困扰。

有一晚，窦禹钧梦见已故的祖父跟他说，他前世做了很多坏事，所以一定要多做好事，否则不但没儿子，而且会很短命。

自此之后，窦禹钧就拼命做好事。例如家里的仆人卷款潜逃，他还帮仆人把女儿养大；又例如在佛庙捡到大笔钱财，他就等到失主回来为止。至于什么救助穷人啊、亲朋好友有困难就出钱出力啊、出钱办学

啊之类的事就做得更多了。

终于有一天，他祖父再次托梦给他，说你做了这么多好事，老天爷觉得很满意，所以会赐五个儿子给你，你好好抚养啦。

果然没多久，窦禹钧就做老爸啦，一连生了五个儿子。他对儿子的家教很严，五个儿子都很有出息，全部中了进士，在朝廷担任各种官职，被称为"窦氏五龙"。

因为窦禹钧教子有方，大家都以他为好爸爸的典范，连《三字经》里面都有写"窦燕山，有义方；教五子，名俱扬"，后来我们广东地区的人就把好爸爸称为"老窦"，渐渐"老窦"就成了父亲的代名词了。

所以如果你的子女称你为"老窦"，不要觉得他们不尊重你，他们是在称赞你是好爸爸呢。

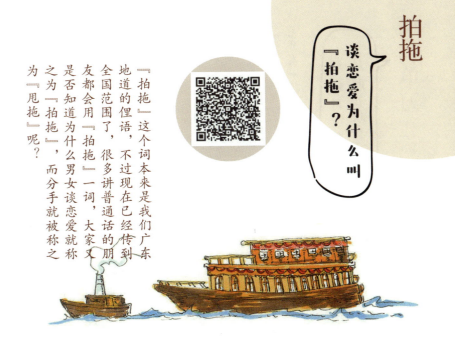

拍拖

谈恋爱为什么叫『拍拖』？

「拍拖」这个词本来是我们广东地道的俚语，不过现在已经传到全国范围了，很多讲普通话的朋友都会用「拍拖」一词，大家又是否知道为什么男女谈恋爱就称之为「拍拖」，而分手就被称之为「甩拖」呢？

众所周知，广东地区的水路运输是十分发达的，以前很多人出门都会坐船的，当时有一种船叫"花尾渡"，这种花尾渡最大的特点，是船上没有动力设备，只能靠船前的小火轮拖着走的，因为容量大，噪音小，非常受乘客欢迎，而"拍拖"是花尾渡进出港口的一种操作方式，例如我们广州的长堤，因为河面复杂，船又很多，小火轮和花尾渡之间的缆绳差不多十丈长，非常难靠近，这个时候需要两条船并拢，船员用粗缆绳绑紧船身，一大一小共同进退，这个就是所谓的"拍拖"，这种相依而行的状况看起来像情侣牵手相伴，所以大家将情侣谈恋爱称之为"拍拖"。

而"拍拖"的两条船离开广州港口，去到比较宽阔的河道，船员就会解开小火轮，继续用缆绳拖着花尾渡去目的地，而到达码头之后，小火轮就会和花尾渡分开，自己去找地方停靠就是所谓的"甩拖"，两条船各散东西，用来形容分手，实在贴切。

乌利单刀

乌利为什么是单刀而非双刀

乌利单刀不是刀，是一个粤语俚语。在粤语中，有一个很特别的词「乌利单刀」（「利」读作 lei），意即乱七八糟。这个词的出处有一段「古」（故事）。

南宋末年，元朝大军南下攻宋，攻破南宋都城临安之后，又继续南下追击陆秀夫、张世杰和他们扶助的小皇帝，其中一路兵马追到了香山县（今中山市）一带。

当时，元军里有个彪悍的将领叫乌利，他骑着高头大马，手提一把单刀，领军追击宋军。在香山坦洲一带，几名宋军在当地村民帮助下，坐小艇过了一条小河。

乌利快马赶到，眼看着宋军顺利逃走，心急之下挥刀策马，就要跳过河去。谁知这时河面上忽然刮起一阵狂风，乌利措手不及，连人带马跌落河中。他不识水性，没几下就淹死了。

后来，元军在崖山攻灭宋军，回过头来强迫当地人立庙拜祭乌利将军，连广州地区也曾建有三座"乌利将军庙"。

据说庙里面的乌利塑像面容漆黑，凶神恶煞，身穿战袍，头戴军帽，脚下一对蒙古毡靴，右手倒提一把闪亮的单刀，倒也威武肃穆。不过当地人不大买账，庙里香火寥寥。

当时村里好事的年轻人觉得这个雕塑怪模怪样，就发明了一个新词叫"乌利单刀"，用来嘲笑人做事不伦不类，一塌糊涂。久而久之，"乌利单刀"就成了常用的粤语词汇。

猪头丙

骂人为什么骂「猪头丙」而不是猪头甲？

　　原来，这"猪头丙"一词，来源于上海俗语"猪头三"。那么，为何要叫猪头"三"，而不是猪头"二"或"四"呢？

　　我们中文里面有一种叫做"缩脚韵"的猜字游戏，就是说话只讲上半截，而听者会意会到下一截没有讲出来的意思，例如广东有一种著名饮料：茅根竹蔗水。而广东人又俗称"钱"为"水"，于是，当有人说"茅根竹"时，大家便意会这是"借水"，也就是借钱的意思了，因为粤语里"借"和"蔗"是同音字。

　　话说回来，上海俗语里的"猪头三"，也是一句缩脚语，全句是"猪头三牲"。骂人是"猪头三"，意指被骂的人是"牲"。

　　而"牲"，是畜生的意思。那么"猪头三牲"又是什么呢？原来，"三牲"本是敬神祭品的三个品种，即猪头、雄鸡和青鱼，统称为"猪头三牲"。

　　所以上海话骂人"猪头三"，就是骂人畜生的意思。

　　不过，俗语经过时间和地区的变化，会有新变化和新解释，所以，上海的"猪头三"，传到广东之后，就逐渐演变为蠢钝的意思了。

广东人骂别人呆笨时，会称人家做「猪头丙」。那为何会是猪头「丙」，而不是猪头「甲」或猪头「乙」？

阿茂整饼

"阿茂整饼"是什么意思?

这句话原本的意思,是赞扬别人而不是骂人的。

民国初年,广州著名酒家莲香楼有一位师傅叫阿茂,为人忠厚又勤快。当时每到茶市将散,有不少茶客会买些饼食,打包回家。

而阿茂为了服务好顾客,就经常跑出来楼面巡视,见到哪种饼好卖或即将售完,就马上动手做,好让大家带回家,大家觉得阿茂既勤快又有心,因而就有了"阿茂整饼"这句称赞阿茂的话。

不过这句话慢慢流传开来之后,因为其字面意思容易被误会成没事找事做,结果就渐渐变成贬义词。

"阿茂整饼",其实是一个骂人的歇后语,后半句就是"冇嗰样整嗰样",意思是说一个人专门挑人家不需要的东西来做,或者没事找事做。

放飞机

「放飞机」的由来

在普通话里面「放鸽子」是没有按照事先的约定赴约，或者没有兑现承诺的意思，而粤语里我们则用「放飞机」表达这个意思，据说这个词来源于香港。

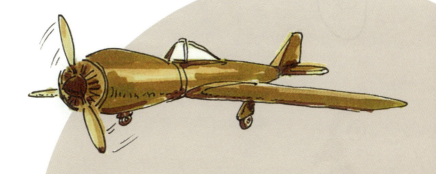

在多年前的香港，某日要进行开埠以来第一次飞机飞行表演。香港市民当然是万众期待，等着大开眼界啦。谁知到了表演当日，却宣布因为天气原因，风太大，不宜飞行，表演推迟一天。到了第二天，天朗气清，大家以为终于可以看飞机了，谁知这一天又轮到飞行员病了，表演又要推迟。而到了第三天，居然说飞机引擎故障，表演取消！大家大失所望，所以后来人们就用放飞机来形容说好要做却没有做的行为。

鸡膆咁多

粤语『鸡膆咁多』是有多少？

『鸡膆咁多』是我们粤语的俗语，用来形容很少、有限的意思。如：『打工仔，就算有积蓄，都系得鸡膆咁多。』

很多人以为这个膆是碎片的碎，其实这个膆，同"嗉"，是鸟类食管后段暂存食物的膨大部分，形状如袋。

这个膆字我们平时很少用到，但在古书古文里可以查到。例如潘岳的《射雉赋》就有"裂膆破嘴"的说法。《尔雅义疏》里面则解释说："嗉者，素也。素，空也。空其中以受实。"

汉代的朱穆在《绝交论》说："填肠满嗉，嗜欲无极。"

元代无名氏散曲小令《醉太平·讥食小利者》写："鹌鹑嗉里寻碗豆，鹭鸶腿上劈精肉，蚊子腹内刳脂油，亏老先生下手。"

因为鸟类的这个器官很小，能藏的食物量也很有限，所以大家就用这个字来表达少的意思。

至于鸡膆，大家也知道我们广东人喜欢吃鸡的啦，所以别的鸟类也不会用，就用"鸡膆咁多"来形容少，没料到的意思了。

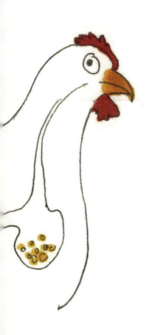

金叵罗

我们广东人对珍爱之物，往往喜欢称为金叵（音颇，但在此惯读『波』）罗——不是吃的菠萝，大家往往也会用这个词来形容家长很钟爱的小孩。

那这个金叵罗究竟是什么东西呢？

原来叵罗，是古代的酒卮（读"字"），也就是一种敞口的浅杯。这种酒具现在已经见不到了，但在古诗文里面倒也并不少见。

例如《北齐书·祖珽传》载："神武宴僚属，于座失落金叵罗，窦泰令饮酒者皆脱帽，于珽髻上得之。"

又例如刘翰《李克用置酒三垂岗赋》："玉如意指挥倜傥，一座皆惊；金叵罗倾倒淋漓，千杯未醉。"

还有苏东坡诗："归来笛声满山谷，明月正照金叵罗。"

这些诗文里面的金叵罗，指的都是金酒杯。因为这种金酒杯颇为珍贵，后来的人就用金叵罗来形容物件或者人物矜贵和可爱了。自己家的孩子，怎么看怎么可爱，当然是"金叵罗"了。

人心不足蛇吞象

人心不足蛇吞象，吞的其实不是大象

粤语里面形容一个人贪心，贪得无厌，就会说这个人『人心不足蛇吞象』，一般人都会以为这个比喻的意思是说蛇太贪心了，想把大象也吞到肚子里去。其实，这个象并不是指大象，而是一个人名。

话说在很久以前，有一位小孩名字叫做"象"，他养了一条大蟒蛇，这条大蟒蛇很听话，很通人性。

当时，阿象的母亲生了一种怪病，他听人家说要用蛇心来做"药引"才能治好。阿象是个孝子，为了给母亲治病，就去跟大蟒蛇商量说可不可以弄一点你的蛇心来治病，大蟒蛇见阿象这么有孝心，就同意了。

于是阿象拿着小刀钻入蛇肚，割取了一点蛇心为母亲治病，而大蟒蛇忍痛成全了阿象的孝子之心。

果然，经过几次割取蛇心，母亲的病情有所好转。阿象看见治疗有效，为了更快治好母亲的病，一时起了贪心之念。这一次钻入蛇肚后，阿象使劲割去蛇的一大块心脏，大蟒蛇一时间疼痛难忍，合上了血盆大口，结果阿象就葬身蛇腹了。

后来，人们便用人心不足蛇吞象来警惕做人要戒除"贪心"，要知足，才会有好结果。

沙尘

「沙尘」的由来

传说在清朝末年时，广州西关有个富商叫陈沙，靠经营洋货发了大财，便想在同行中显显威风，显摆一番。为此他出入都十分讲究"派头"，每天有事无事都要坐着轿子在街上瞎逛一番，让大家都看到他的富贵荣华。

有一天晚上，他又照例坐轿兜风，正春风得意，忽然刮起一阵狂风，轿夫站立不稳，差点把陈沙摔出轿子。

陈沙勃然大怒，走下轿子想责罚轿夫，谁知他刚一走出来，还来不及发作，又吹来一阵大风，"呼"的一下，把他的帽子吹落，领带也飘起来扯着脖子，弄得他站都站不稳。

大家平时就觉得他太过招摇，早就看他不顺眼的了。现在见他这副狼狈的模样，纷纷拍手称快，并大声嘲笑"这回陈沙变沙陈了！"

后来，大家就用"沙陈"来形容像陈沙一样喜欢招摇的人，继而渐渐又写成了"沙尘"，而意思都是一样的。

粤语里面形容一个人喜欢装模作样，充场面讲派头，会说他很「沙尘」的。那么这个「沙尘」是怎么来的呢？

苏州过后无艇搭

苏州过后为何无艇搭?

话说在古时候,秦淮河的风月事业很发达,前往那里做生意的广东富商有不少都喜欢流连烟花之地。有些人遇到满意的青楼女子,会喜欢把她们推荐给好朋友。

有一天,几个富商在游船河时谈美女谈得开心,其中一个被朋友说得食指大动,拍案而起说要去一试究竟。

殊不知他们聊得太开心,不知时间飞逝,这时候船已经过了秦淮河的河段,快要到苏州了,于是大家就嘲笑他"苏州过后无艇搭"了。

后来,"苏州过后无艇搭"就变成一个常用俗语,意为"过了这个村,就没这个店"。

现在流行创业,大家都喜欢追逐风口,所谓"站在风口上猪也能飞起来",所以创业者都很怕错过机会。而"错过机会"在我们粤语里面,有个很有趣的说法,叫"苏州过后无艇搭"。

糯米治木虱

糯米真的能治木虱？

在粤语里，有句颇具哲理的话，叫『一物治一物，糯米治木虱』，讲的是世间万物相生相克的道理。但问题是，糯米和木虱按说根本没什么关系，那究竟糯米治木虱这个说法是怎么来的呢？

原来这里还有一段故事。

话说从前有位妇人十分馋嘴，好吃懒做，时常偷偷躲在房间吃东西。有一天，她正躲在房间偷吃糯米饭，不料忽然听到婆婆进来的脚步声，情急之下她只好将碗筷藏进被子里。

不过婆婆还是眼尖，一眼就看到她床上有糯米饭，于是很疑惑地问："媳妇你这是干什么呀？"

这位贪吃的妇人也是吹牛不打草稿，信口开河道："我听人说，一物治一物，糯米治木虱，所以就拿到床上来试试咯。"

所以后来，大家便用"糯米治木虱"，来比喻一物降一物。但其实呢，糯米和木虱真的什么关系都没有。

朱义盛

很多年轻人不清楚这个词的由来，还以为是绑东西的绳，其实这个"朱义盛"是个人名。

在一八二四年，佛山有个叫朱义盛的人，在"筷子路"开了一家"朱义盛号"店铺，专卖金银首饰。

不过他卖的不是真金，而是山寨货。原来，他发明了个做假的办法，用紫铜镀金，制成金饰，因为工艺很好，看起来同真货差不多。于是很多买不起真金的人，就都跑来帮衬朱义盛的山寨货了。

后来这位朱先生还跑来广州开店。当时好多乡下人来到省城，不免乱花钱，钱用得七七八八了才想起要给老婆买金饰，手头不宽裕就只好去帮衬"朱义盛号"，结果居然常常可以瞒天过海顺利过关。如此一来"朱义盛号"的生意十分之好，分店开了十多家，鼎盛时期员工竟有九千人之多。

时间一长，"朱义盛"这三个字，就成了假货、以次充好的代名词了。

现在流行网购，大家都知道网购虽然方便，但也有不少假货，需要大家打醒精神来分辨的。说到假货在粤语里的说法，大家可能比较直接地想到"流嘢"这个词。但其实我们粤语形容次品、假货有个更特别、更地道的词，叫"朱义盛"。

孤寒

『孤寒』其实是古汉语

粤语里面形容一个人吝啬，就会用『孤寒』一词。

　　这个词的词源要追溯到魏晋南北朝，那是一个士族势力十分鼎盛的时代，所谓上品无寒门，下品无士族，寒门子弟势单力薄，一旦有什么大事发生，难免孤立无援，自然感到孤寒。"孤寒"二字，可以说是对寒门小族的概括，这些出身孤寒的子弟，场面没见过太多，出手也不阔绰，所以就容易被人笑他们孤寒，这个词越用越广泛，大家渐渐将一些吝啬的人称之为"孤寒"。

　　但是现在普通话里面已经没有"孤寒"一词，就算用也只是分拆成两个字的单独含义，形容一个人孤独寂寞，而没有了原有吝啬的意思，在《现代汉语词典》里也已经不能找到，成为一个"死词"。而在粤语里，这个词还依然经常被使用。

混吉

"混吉"，混的是什么吉？

粤语里面形容一个人做事不用心，做了等于没做，就会说他"混吉"。有的朋友以为是运输的运、金桔的桔，见到春节大家运盘年桔回家，就说人家"运桔"，其实，"混吉"根本就不是运送金桔的意思，而是另有来由的。

话说我们粤语地区尤其是香港，以前的小型饭店，只要客人来光顾，就会免费奉送一碗清汤。饭店每日所出售的鸡鸭鹅猪牛肉，都是用这一锅汤来煮熟的，肉虽然另外卖掉，但汤里面就还有肉味，再加一点味精，就成了一碗肉汁清汤啦！

因为清汤里面什么佐料都没有，可谓空空如也。本来应该叫"空汤"的。但我们粤语不喜欢用"空"字，觉得和凶恶的"凶"字同音，不吉利，所以会用"吉"字来代替，例如空屋就称作吉屋，所以这碗清汤也就叫做"吉水"了。

当时，有一些穷人来到饭店，等伙记送上一碗"吉水"，他一口气喝完，就一声不吭地走掉了。

因为这碗汤是免费的，饭店也不能说他白吃白喝，所以伙记们就把这种骗汤喝的行为叫做"混吉"了！

擒青

粤语『擒青』背后有讲究

南方舞狮，少不了"采青"。所谓"青"，就是把一封利市，绑在一棵生菜上。"青"还有"高青"、"水青"与"蟹青"之分。"高青"是把"青"吊在高处，"水青"是把"青"放在水盆中，而"蟹青"是用圆盘把"青"盖着。

采青的过程相当讲究，一定要经过"见青"、"惊青"、"采青"、"碎青"、"吐青"等配以鼓点的舞步动作，不能错漏任何环节。如果随便舞几下狮子，就将"青"取去，这是只顾赚钱的非专业行为，定会贻笑大方，被嘲为"擒青"，这样的行为不单只会让行家看不起，客人以后也不会再次光顾他们。

粤语里面形容一个人做事太过急躁，冒冒失失就会形容他为『擒青』或『擒擒青』，但这个『擒青』是怎么来的呢？

犀利

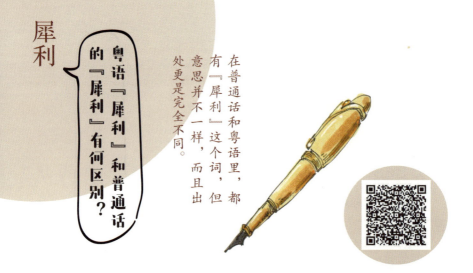

粤语「犀利」和普通话的「犀利」有何区别？

在普通话和粤语里，都有「犀利」这个词，但意思并不一样，而且出处更是完全不同。

普通话的犀利通常指语言和文笔的尖锐，而粤语里面这个"犀利"，则一般用来形容一个人一件事厉害、了不起的意思，而出处则来源于一个外国钢笔的牌子。

早年，世界有三大著名钢笔品牌，分别是美国的Sheaffer(犀飞利)，法国的Waterman(威迪文)，以及德国的Montblanc(万宝龙)。

其中，犀飞利创办于1913年。1945年联合国宪章最后定案时，犀飞利就是联合国指定签字笔，各国代表均用它签署，在历史上写下重要一页。

后来，1951年美日和平条约于三藩市签订，随后日本还和另外48个国家签了相同和约，当时美国国务卿和日本首相，都使用犀飞利笔签约。

至于多届美国总统把犀飞利作为专用笔就更不在话下了。

可想而知在早年的香港和广东，能够用得起这个牌子钢笔的人士，自然是非富即贵，故此如果有人看到朋友的口袋里插着一支犀飞利钢笔，都会赞叹"犀飞利"哦！（你好厉害哦！）

久而久之，"犀飞利"就变成"很厉害"的代名词。时间长了，又被简化为"犀利"，但"犀飞利"这个说法依然常常在用。

捉黄脚鸡

粤语里捉奸为什么叫『捉黄脚鸡』？

这个有趣的俗语出自于广东的农村。当时的农民养鸡，喜欢养雌鸡而不喜欢养雄鸡，因为雌鸡可以下蛋，所以价钱不错，一般农家养得比较多，捉起来也比较容易。

但是如果要拜神，就必须要用雄鸡了，可雄鸡比较少，捉起来比较麻烦，怎么办呢？

农民伯伯是很聪明的，他们会先将谷撒在门外，群鸡就会"鸡咁脚"跑过来吃谷，而雌鸡吃谷的时候，雄鸡就会"色心大起"，懒得去吃谷，一下子扑到雌鸡背上，进行交配。这个时候，正是捉雄鸡的最好时机，因为它们顾着交配就不会提防有人来捉了。

农民捉鸡通常捉的都是鸡脚，雄鸡的双脚呈深蛋黄色，而雌鸡则是浅黄色，辨认起来就很容易了。

"捉黄脚鸡"一词就是这样来的，实在是十分传神啊！

普通话讲"捉奸"，就叫做"抓破鞋"，而粤语里呢，则叫"捉黄脚鸡"。

坳胡

> 粤语里『坳胡』指的是妖怪？

『坳胡』是以前广州街坊用来吓唬小孩子的怪物的名字，而现在的小朋友已经很幸福了，就算犯错了，家长也会很耐心教导。但是以前，物质条件不好，家长每户都一群小孩子，家长也没耐心慢慢逐个对他们进行教育，特别对付年纪比较小的小孩，家长们通常会用『坳胡』来吓唬他们如果不听话就会给『坳胡』这个怪物吃掉。

有人以为"坳胡"是乌鸦倒过来的读法，其实"坳胡"本来就不是怪物也不是乌鸦，是南朝时期一名将军刘胡的别号。根据南史记载，这位刘将军的脸黝黑似炭，所以就被称为"坳胡"，由于他打仗十分勇猛，加上外表"英俊"，讨伐蛮夷的时候，连蛮夷都给他的外表给吓到了。后来，就有人用他的名字来吓唬小孩子，史书记载"小儿啼如云刘来便止"，意思就是小孩子哭的时候，家长们一提起刘胡，小孩子就立刻不哭了。

再后来，大家都用"坳胡"来吓唬小孩子，时间一久"坳胡"一词便成了怪物或样子丑的代名词了。

杯葛

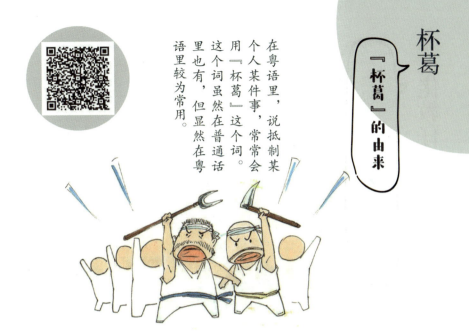

「杯葛」的由来

在粤语里，说抵制某个人某件事，常常会用『杯葛』这个词。这个词虽然在普通话里也有，但显然在粤语里较为常用。

如果不知道这个词的来由，可能会以为有个"杯"字跟喝酒有关。其实呢，"杯葛"是英文 BOYCOTT 的译音，意思正是"反抗和抵制"。

这个BOYCOTT， 原来是一个人的名字，此人全名叫做 Charles Cunningham Boycott，生于1832年，死于1897年，是爱尔兰一个恶汉。

这位杯葛先生从事的工作是替贵族大地主收租。他这个人手段凶残，常常逼害那些穷困的佃户。一旦佃户没钱交租，他就会跑去对他们喊打喊杀。

忍无可忍之下，佃户们决定一起反抗，联合起来对付逼害者。

杯葛双拳难敌四手，被打得落荒而逃。自此之后他自觉面目无光，最后郁郁而终。

爱尔兰佃户打赢这一仗，轰动一时，造成非常大的影响。

后来，但凡抵制或断绝关系的行为，就以这位爱尔兰人的姓氏命名，称作"杯葛"。

光棍佬教仔

『光棍佬教仔』教的是什么？

我们粤语里面有很多歇后语，不但讲起来地道有趣，而且包含很多做人的道理。例如『光棍佬教仔——便宜莫贪』，就是其中一句。

那么这句歇后语的由来又是怎样的呢？

根据民间传说，从前有个光棍佬很会骗人。有一次，他给一个小茶壶涂上泥土，冒充古董卖给别人，成功骗了一笔钱，然后洋洋得意地回到家里。

到了晚饭的时候，他儿子也从外面回来了。只见他儿子一边走一边哼着小曲，心情大好，很得意地说自己弄到了一个古董。说完就掏出一把小茶壶。

光棍佬定眼一看，儿子买来这个小茶壶正是自己今天用来骗人的赝品！他不禁怒从中来，狠狠给了儿子一记耳光，教训道："便宜莫贪啊，死仔！"

后来，大家就用这个笑话来劝人不要贪小便宜，以免因小失大。

至于光棍佬为何会有个儿子？原来在粤语里面，光棍这个词不单指单身汉，还指那些靠坑蒙拐骗为生的人，所谓"财入光棍手，有去无回头"，所以光棍也是可以有儿子的。

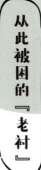

老衬

从此被困的『老衬』

粤语里面往往把那些被人『揾笨』（占便宜）的人称为老衬。还有也把结婚的男性称为老衬的说法，意思自然是说这个男人一辈子被老婆『揾笨』啦。那么这个老衬的称呼又是怎么来的呢？

原来，在民国时期，有一本在省港地区非常流行的故事书，叫《鬼才伦文叙》，作者叫做衬叔。

这本书的内容很多都是讲酒色财气之间的斗智故事，其中精妙之处往往在于赢家不但得益，而且令输家不敢声张，自认倒霉。

所以大凡看过这本书或听过故事的人，不但在人情世故上长了见识，往往还多了一份占人便宜的心眼，而被人占便宜的人哑巴吃黄莲，只好把责任归咎到书的作者——衬叔头上。

由于衬叔一把年纪，被尊称为老衬。所以大家就把那些被人占便宜的人称为老衬，而占人便宜的行为则称为揾老衬了。

老世还是脑细

老板究竟是「老世」还是「脑细」？

在粤语里面，我们常常把老板称为「老世」。不过很多人都搞不清究竟这两个字应该是「老世」还是「老细」。（还是「脑细」？）

要搞清楚这个词，要追溯一下这个词的来源。

据说这个词来源于香港。

抗日战争时期，日本占领了香港三年零八个月。因为当时从大陆跑到香港逃避战火的人越来越多，日军一方面为了方便管理，另一方面也为了防范抗日人士，便规定所有做生意的店铺都必须把寄住在店铺里的人名，用一个牌子列明挂在铺外。

至于店铺老板则要加上"世代主"的字样，以资鉴别。世代主这个词在日语里，是一家之主、家族之长的意思。

所以每逢日军到店铺巡查，随行的翻译一进门就会大叫："老世系边度？"

久而久之，"老世"就成了老板的代名词了。

契弟

粤语为什么不能叫人做『契弟』？

在我们粤语里，认亲戚叫『上契』，干爹称『契爷』，干妈称『契妈』，其他如契仔、契女、契姐、契哥等，但是干弟弟就不能叫『契弟』，而要说『契细佬』。

因为在粤语里面，"契弟"是一个很不好听的骂人话。

根据广东文史记载，清代末年，广州西关的光雅里一带，有一种专为红白喜丧主家服务的行业叫"爷门堂倌"，简称"堂倌"。

堂倌虽然分男堂和女堂两类，但实际上女堂也由三十岁左右的男人充任。这些由男人担任的女堂倌因为要侍候女眷，因此也作女性打扮面施脂粉，头发油亮，再别上个大发夹，出手兰花指，说话也是阴声细气，行为举止一如女人。

据说长期操此业者后来就算是转了行，其举止也往往带"女性"特点。

这些男性"女堂倌"之间往往以姊妹相称，甚至有的还与雇主家的纨绔子弟传出丑闻。经过一些小报的夸大渲染，光雅里就渐渐被视作藏污纳垢之所，并由此产生了一句歇后语："光雅里出世——正契弟"！

光雅里也因此被蒙上恶名，导致许多住户都纷纷搬走。

不过事过境迁，现在"契弟"的词义在广州话的口语里已经模糊了，人们相互之间打趣时还用此词表示亲热，骂人的意味已经不像最初那么浓重了。

卖剩蔗与箩底橙

『卖剩蔗』与『箩底橙』

这两个说法究竟是怎么来的呢？原来以前的商人在买卖东西的时候，都是用竹箩来装载，一些商人卖柳橙，通常会把质量比较好、外观好看的柳橙放在竹箩的最上面，而多数的客人挑选完之后，最后剩下来在箩底的都是一些成色不好的，不是烂掉的，就是干干扁扁，卖相不好的。而"卖剩蔗"也是同样意思。

旧时代重男轻女，男性娶妻的时限比较宽，甚至到了七老八十也能纳妾，但女性如果不能在生育能力最好的年纪出嫁，后面嫁人的机会就会大为下降，更遑论找个好人家了。不过现代社会婚恋观念已经大为不同，女性就算不嫁人，一样可以有幸福的人生，不必怕被人叫"箩底橙"和"卖剩蔗"了。

现代大城市的年轻人大都不着急结婚，但在以前大姑娘年过三十还未找到意中人，就有被左邻右舍、三姑六婆议论为『箩底橙』的危险。而类似的说法，还有『卖剩蔗』。

早在唐宋时期，就有外国商人到中国经商，这些外商大都聚集在沿海地区，他们的语言也逐渐流传开来。当时，以中东、印度半岛的商人最常到达广东沿海，他们与当地居民沟通起来颇为困难，常常是"鸡同鸭讲"，不知所云，做起生意来就容易产生误会，尤其是金钱上有所争拗，争吵在所难免。有争吵自然会提高声量，而这些外商很喜欢叫"BAPRE、BAPRE"，意思是"我的天"、"天啊"。

当时的沿海居民不知这两个声音是什么意思，观察外商的身体语言和声音，看他们的样子很烦躁又有嚣张之意，于是便以这两个音合成为一个粤语独有的词语"巴闭"了。

"巴闭"这个词一般用来形容人厉害、了不起，但也暗含嚣张、自以为是的意思。所以听到广东人说你"巴闭"，不要以为一定是称赞你，也有可能是讽刺你哦。

巴闭

你究竟有几『巴闭』？

广东因为地处沿海，自古以来都是通商之地，与国外来往交流较多，所以粤语里面有不少词都是外来语，例如『巴闭』就是其中一个。

执笠

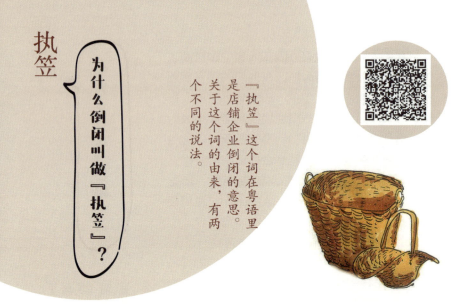

为什么倒闭叫做「执笠」？

「执笠」这个词在粤语里是店铺企业倒闭的意思。关于这个词的由来，有两个不同的说法。

　　"笠"在粤语里指的是网眼编织得较为疏松的竹篓，一般用来盛装物品，这也跟广东盛产竹器有很大关系。而"执"就是收拾的意思。

　　现在，我们在城市里看到的商店都有固定铺面，"执笠"一词拿来形容店铺倒闭似乎难以理解。所以，要搞懂这个词还得追溯到以前。当年，广东地区传统的民间贸易大部分都是集散型的散摊集市，本地人称为"墟"。而"趁墟"就是赶集的意思了。在墟市上，商人们把要兜售的东西装在竹篓里，向客人展示售卖。等到天色渐晚，集市结束，商人们就把装物的竹篓收拾好，收工回家。所以收摊就叫"执笠"了。而后来，更被引申为倒闭的意思。

　　至于第二种说法，则是说以前一些店铺生意做不下去，就想在集市上进行转让，类似现在的"旺铺出租"。而为了在转让的时候能谈个满意的价钱，商家便会使点小手段，拿一些空的竹筐——也就是"笠"，放满整个店铺，向外界制造出一种生意很好的假象。因为一般的店铺平常也不会放置空竹筐占地方，所以倒闭的时候为了撑场面，就得去别的地方特地买一些竹筐回来，久而久之"执笠"就成为倒闭的代名词。

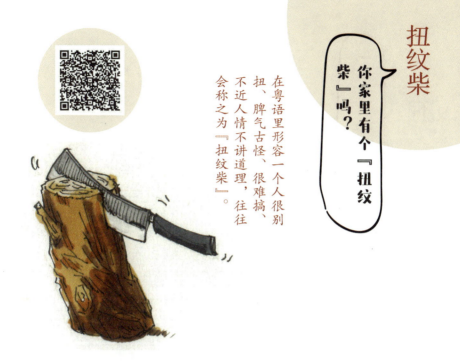

扭纹柴

你家里有个『扭纹柴』吗？

在粤语里形容一个人很别扭、脾气古怪、很难搞、不近人情不讲道理，往往会称之为『扭纹柴』。

什么是扭纹柴呢？

大家知道以前一般人家里都是烧柴的，劈柴，也就是每家每户都要做的家务之一了。柴的来源是树木，而树木因为各自品种和生长环境不同，柴的纹理也会有所不同。有的柴枝纹理会长得很直，一刀劈下去就可以顺利地劈开两半，简直是"势如破竹"；而有的柴枝纹理确实扭扭曲曲，一刀能劈进去就已经不容易，而且刀势被木纹所引导，往往就会歪曲使不上力。这时候劈柴的人往往进退两难，继续劈吧，越劈越难劈；把刀退出来吧，柴枝又把刀夹得很紧，真不知如何对付才好。

这些纹理扭曲的柴枝，就是"扭纹柴"了，就像那些脾气古怪不讲道理的人一样，你怎么对付他好像都不对，实在是让人哭笑不得。

由此引申，粤语里对于那些调皮捣蛋的小孩，也会用"扭纹"这词来形容。

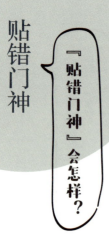

贴错门神

『贴错门神』会怎样？

如果有两个人互相发脾气，对对方不理不睬，我们讲粤语的朋友往往会说「他们两个贴错门神」。

何谓贴错门神呢？

大家都知道，自古以来我们中国人喜欢贴一对门神在家门口，寓意驱除噩运邪气，保护一家平安。这个习俗到现在还有不少家庭尤其是农村家庭保留着。门神这个典故出自于唐太宗和秦叔宝、尉迟恭，我在这里就不细讲了。反正贴门神保平安很重要就是了。

以前的大门跟现在我们一般家庭的大铁门不一样，通常都是左右两扇的，所以门神也有一对，一左一右，两扇门各贴一个。

这两个门神如果贴得准确无误，那么秦叔宝和尉迟恭是面对面的，一副同心协力保护家园的样子；但如果贴反了，那两个就变成背对背，互不理睬的样子了。大家觉得两位门神这个背对背的样子，和那些相互发脾气的人挺相似，于是就称之为"贴错门神"啦。

而"贴错门神"后面还有一句歇后语，叫"面左左"，两个门神贴错了，背对背，当然就面左左啦。

不过不知道为什么，贴门神这个习俗全国各地都有，但"贴错门神"这个词，似乎只有粤语里才有，你用普通话和外地的朋友说"贴错门神"，人家大概也只会"一头雾水"了。

掘尾龙拜山

『掘尾龙拜山』会发生什么事？

清明时节拜山，是各家各户的重要大事，广东人一向都非常重视。不过粤语人群生性幽默，关于拜山的粤语词汇倒不见得都是很严肃的。例如掘尾龙拜山，就是用来形容那些喜欢搬弄是非、造谣生事、搅风搅雨的人。

那这个掘尾龙究竟是什么东东呢？为什么它拜山，就会风雨大作呢

相传在广东地区有个小朋友，有一天捡到一条像四脚蛇一样的小虫，他觉得挺可爱，就带回家养在水缸里。

养了一段时间，这条小虫越长越大，水缸都放不下了，而且吃得也越来越多，小朋友觉得再这么养下去不是办法，于是打算把它带去放生。

放生之前，小朋友忽发奇想，觉得要在四脚虫身上留一点记号，日后再碰到可以认得，于是一刀把虫尾巴切掉了一小截。谁知这条四脚虫痛起来狂性大发，一口把小朋友咬死了。

原来，这条并不是什么小虫，而是一条龙，现在尾巴被切断了一截，变成了掘尾龙。

后来这条掘尾龙为了报答小朋友的恩德，每年清明时节都去给他拜山，天龙所经之处，自然天昏地暗，风雨飘摇了。这就是大家说的"掘尾龙拜山——搅风搅雨"了。

本来，这个词是用来形容清明时节经常会发生的天气现象，不过后来渐渐演化成对那些喜欢搞事的人的形容词了。

留翻拜山先讲

有什么需要「留翻拜山先讲」？

有时候听粤语人吵架，也能学到不少粤语的文化知识。例如叫人「有咩留翻拜山先讲啦！」，意思不是真的要等到拜山的时候再讲，而是要对方收声，不要再说话的意思。

拜山祭祖，习俗上都会向祖先祷告禀报一番，而祖先自然也不会嫌你啰嗦，你想讲多久就讲多久。

所以叫人"有咩留翻拜山先讲"，意思是让对方不妨把话留到拜山的时候，对着死人慢慢讲，到时想讲多久讲啥都没人理你，请不要对着我这个大活人啰哩啰嗦。

不过这个词近年来被大家用来开玩笑开得多了，年轻人在平时聊天谈笑的时候，有时也会用到，原来骂人的意味也就渐渐减轻，只留下"不要太啰嗦"、或者"不想告诉你"的意味了。

藤条焖猪肉

小朋友最怕吃的『藤条焖猪肉』

我们小时候如果做了调皮捣蛋的事，又或者在学校被老师投诉，回到家里就很有可能吃到一味很有广东特色的佳肴——『藤条焖猪肉』啦。

何谓"藤条焖猪肉"？说穿了很简单，就是被父母用藤条来打屁股咯。

以前广东人家里有许多藤做的用具，鸡毛扫（鸡毛掸子）就是其中之一。通常家长教训子女，就会把鸡毛扫调转来拿，用长长的藤条抽打调皮的子女，因为藤条柔韧性好，打起来很痛但是又不容易如戒尺之类的硬物，打出严重的伤患，所以实在是家长执行家法最爱的"武器"。

而那个"焖"字，也是颇有讲究。广东人爱吃，对于厨艺大都颇有研究，所谓"焖"，就是把食材放进锅里，盖紧锅盖，用文火慢慢煮烂。而藤条焖猪肉之所以用一个"焖"字，也就意味着小孩回到家中，无处可逃，唯有任由家长慢慢炮制的意思了。

而那块猪肉，不用问，自然是子女们白白嫩嫩的屁股了。

当然，现在很多家庭的观念都已经很现代化，体罚子女的情形也越来越少，再加上现在很多家庭已经很少用鸡毛扫，所以小朋友们吃到这道"藤条焖猪肉"的机会，自然也就越来越少了。

牙刷刷，脷刮刮

牙刷刷，脷刮刮

上世纪20年代初期，在省城的长堤有一间叫『苏记』的小杂货铺，来自番禺的店主麦苏颇有生意头脑，他意识到广州城大有发展前途，市民生活素质日益提高，其中表现在卫生习惯上的改善。当时人们时兴用鬃毛牙刷抹上淮盐来刷牙，以保口腔清洁，牙粉、牙膏是后来才用的。

上世纪20年代初，省城的长堤处，开了一间叫"苏记"的小杂货铺。这家店的店主名叫麦苏，是番禺人，向来很有生意头脑。

那时，善于观察的他意识到，市民生活水平正在逐渐提高，尤其是卫生习惯的改善很是明显。当时，牙粉、牙膏还没出现，人们开始流行在鬃毛牙刷涂上淮盐来刷牙，以便保持口腔清洁。

于是，麦苏将牙刷和淮盐捆绑销售，每卖出一支牙刷，就赠送一小袋淮盐。这个组合一经推出，就极受市民欢迎，来采买的人也越来越多，带旺了"苏记"的生意。

随后，麦苏又从香港进口了一种薄铁片，有着白软不生锈、略带弹性的特点。他请人将这铁片的边角磨得圆滑，做成弓形，变成长约12厘米、宽半厘米的软条子，美其名曰"脷刮"，跟牙刷、淮盐一起出售。于是，苏记店铺外就贴着海报称："本店售出口齿健康用品'脷刮'。请君刷完牙即用其来刮掉'腳积'，保君口气清新，精神爽利，贵人频遇。"

更有意思的是，麦苏还别出心裁，在海报前头用醒目大字写着："牙刷刷、腳刮刮，财路全凭口齿去开发。"

果然不出所料，苏记的新玩意"腳刮"成功引发了居民们的兴趣，大家都很好奇，纷纷出手购买。"腳刮"软片条变成了抢手货，省城不少店铺也都跟进售卖，甚至畅销到了珠三角各城乡。而苏记的广告词——"牙刷刷，腳刮刮……"也被口口相传，众人皆知。后来，便有人拿两句诙谐语来形容、揶揄某些"沙尘白霍"的人，渐渐地这句话也就成了一句流行语了。

前世捞乱骨头

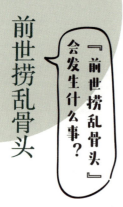

『前世捞乱骨头』会发生什么事？

之前给大家介绍过，两个人发脾气互不理睬，粤语里叫做『贴错门神』。如果两个人的敌对程度再升几级，到了完全无法沟通、乃至仇视的地步，我们粤语里又有另外一个形容词——『前世捞乱骨头』。

为什么粤语用"前世捞乱骨头"形容两个互相敌视，总是发生冲突的人呢？

原来，旧时候安葬先人，很讲究尸骨齐全，如果不能收齐祖先的骸骨，那是很不敬和不吉利的事情。而如果先人的尸骨搞错了，放到了别人家的坟墓，拜祭的时候就变成了拜错祖先，那就更是极其大不敬的事情。

如果此事得不到纠正，两家人相互拜错祖先，纠纷就难以排解，相互的仇怨就会一直延绵后世。

所以粤语就用"前世捞乱骨头"，来形容那些互相敌视的死对头，因为他们对待对方的态度，简直就像是先人的遗骸放错地方，互相拜错祖先，结下怨恨一样。

大耳窿

令人讨厌的『大耳窿』

自古以来，放高利贷的人都被老百姓所痛恨，因为他们不单利用平民百姓急于用钱的机会，靠高利贷赚取高额利润，而且还往往利用非法手段，逼得借钱的人倾家荡产。直到现代，高利贷这门生意依然禁而不止，一有机会就变着法子出来害人。

在粤语里面，对于放高利贷的人，有个特别的称谓，叫"大耳窿"。这个称呼是怎么来的呢？有两个不同的说法。

第一个，说的是香港开埠之初，有不少来自印度的商人，在香港从事高利贷生意。香港人把印度人叫"摩罗叉"，又因为这些印度商人喜欢头戴一顶大白头巾，所以把他们称为"白头摩罗"。

这些从事高利贷的"白头摩罗"扮相古怪，很多人喜欢穿一个大耳洞，戴一个大如铜元的耳环。当时的港人对于这些从事高利贷的"白头摩罗"十分讨厌，就把他们称为"大耳窿"了。

而第二个说法，则是说当年一些高利贷商人做的是小额贷款，发放的对象是一般的劳苦大众。为了让大家知道他们有钱可借，就把一个银元塞进耳朵里，作为记号。这样大家一看就知道他们是放贷的，需要借钱就会主动找他们了。耳朵里放个银元，别人看起来自然觉得他们的耳洞很大啦，所以就被称为"大耳窿"了。

棚尾拉箱

「『棚尾拉箱』是什么状况？」

「棚尾拉箱」这个词，现在会用的年轻人已经很少了，大概是因为这个词诞生的场景已经比较少见了吧。

所谓"棚尾拉箱"，是形容一个人走得很匆忙很狼狈的意思，与"无鞋拉只屐"的意思有点接近。

这个词的出处来自旧时乡间的戏班。以前逢年过节，乡下都会请戏班下乡演戏，但限于经济能力，往往不一定能请到很好的戏班。而这些二三流的戏班一旦表演欠佳，自然会被台下的观众喝倒彩，当形势难以维持的时候，戏班就只好赶紧在棚尾——也就是后台匆匆忙忙收拾行装，走人去也。

后来大家把遇到无可收拾的场面，要赶紧走人跑路的情况，称为"棚尾拉箱"了。除此之外，当骗子诈骗得手之后，偷偷离去，受害人懵然不知，也可以用"棚尾拉箱"这个词来形容。

食碗面反碗底

做人不可以「食碗面反碗底」

我们粤语骂人忘恩负义、吃里扒外、过河拆桥，有一个跟吃有关的形容词，叫「食碗面反碗底」。

这个词字面的意思，是把碗里的东西吃完之后，把碗反扣放下，碗底朝上碗口朝下。那为什么这个做法会被认为是忘恩负义呢？

原来，我们正常人吃饭，自然是碗口向上的。而碗口向下，则是拜祭先人时的做法——祭祖时要先把碗倒置，把饭取出来拜祭——对待生人和先人的做法相反，这是很多地方的习俗。

那这个"食碗面反碗底"的做法，等于是把对方给的饭吃完之后，不但不感激对方的赠饭之恩，还希望对方死掉，或者把对方当成是个死人。你说这样做人，是不是忘恩负义？

所以，在"食碗面反碗底"后面，还有一句，叫"正一反骨仔"。

死牛一边颈

"死牛一边颈""死牛"为什么"一边颈"

以前农村里面，牛是重要生产工具，大家对于牛的特性都十分了解。牛这种动物呢，虽然很勤劳肯干，任劳任怨，但是也很笨很迟钝，走起路来不大会拐弯，连脖子都不大愿意转动。你如果用力拉它的头想让它把脖子转到另一边去，实在是十分困难。所以对于那些固执的人，我们除了说他们"硬颈"，还可以说他们"牛颈"。而牛发起脾气上来也很厉害，所以我们把脾气暴躁不讲道理的人称为"牛精"。

至于"死牛一边颈"，那是固执的至高境界了。一头牛死了之后，脖子歪在一边，肌肉都已经僵硬了，这时候你想要把它的脖子再掰到另一边，那基本上是没什么可能的事。

所以一个人一旦"死牛一边颈"，基本上就没有什么被说服的可能性，我们也就可以省口气，暖暖肚子算了。

粤语里面形容一个人固执，我们会称之为"硬颈"，而如果一个人的固执程度极高，我们可以称之为"死牛一边颈"。

无情鸡

打工仔最怕吃的「无情鸡」

在广东的打工仔，除了害怕吃「炒鱿鱼」之外，还有另外一道不想吃到的菜，叫「无情鸡」。

　　话说清末民初时期，店家和伙计之间，大多不会像现在一样签订劳动合同，因此也就没有所谓的劳动期限。当时的商圈有一个潜规则，就是在一年的开市宴或尾牙宴中，有的老板会亲手给自己的伙计夹上一块鸡肉。这个动作可不是慰劳你工作辛苦的意思，而是借"吃鸡"这个举动，来暗示员工已被辞退，不用再来店里帮工了，因此这也称为"无情鸡"。

　　那时候，每年过年店铺开始营业前，都有设员工宴的习惯。这个宴席通常在大年初二，被称为"开牙宴"。饭席上，一定会有用来酬神的"生鸡"，寓意生意兴隆。不过，即使面对着一桌大鱼大肉，员工们却脸色凝重，看不出高兴样，内心忐忑不安，唯恐"吃鸡"。如果这时老板还会向店员们说几句教训话，他们反倒能略感安慰，稍稍放心，因为这说明老板对自己还有期望，这份工作算是暂时保住了。但如果老板满嘴好话，夸奖员工能力优秀、表现出色，通常便会先扬后抑，来个话锋一转，边说话边块鸡肉放到员工的碗里。那就是请他"另谋高就"。也有一些老板不忍心做得这么直接，就故意将鸡头对准那位员工，表达同样的意思。员工虽说战战兢兢，但心里已然明了，也只好认命屈从，无从辩驳。

　　当然，这个"无情鸡"的做法，随着劳动合同法的完善，基本上已经消失了，但时至今日，还是有很多人把解雇称为"食无情鸡"呢。

唔使问阿贵

"唔使问阿贵"的阿贵是谁?

在粤语里面,"唔使问阿贵"是事情一清二楚,不问可知的意思。关于这个词的来由,有各种不同的说法。

第一种说法,这位阿贵,指的是南宋时珠玑巷38姓98户举家南徙的领导者、组织者——罗贵。在公元1132年,罗贵率领一众北方的民众南迁,跋涉千里,历时两月,备受艰险,后来在南方开枝散叶,现在很多两广、海南的人士,都是他们的后裔。这一群南渡的人敢于背井离乡,大都富于开拓精神。他们南渡之际,遇到什么艰难险阻,都勇于自己去想办法解决,不必事事去征求领头人罗贵的意见。"唔使问阿贵"这句话,也就渐渐成为了他们的口头禅。

而另外一个说法,则是说清朝的时候,叶名琛由广东巡抚升任两广总督,其官署设于广州一德路,法国教堂石室旧址。他所留下来的巡抚职位,由满州人贵柏继任,官署设于广州惠爱路,第一公园旧址。因总督和巡抚的官署都设在广州,所以很多事都由总督叶名琛决定,不必经由巡抚柏贵。所以有起什么事情来,大家都说"唔使问阿贵"啦。

湿水棉花

湿水棉花——冇得弹

粤语里面称赞一个人或者一件事好得很，完全找不到可挑剔之处，称之为「湿水棉花——冇得弹」。

　　"弹"字，在粤语里是批评、质疑的意思，"冇得弹"，也就是无可挑剔了。但湿水棉花是什么意思呢？可能很多年轻人都搞不清楚了。

　　以前，广东人在冬天盖的棉被经过了漫长的炎热天气，要拿出来用的时候，往往已经压得又扁又结实，盖起来既不舒服也不暖和。这时候，就需要把棉被拿到专业人士那里去"弹棉花"，师傅会用弯弓、棉花锤等工具，像弹琴一样把被子里的棉花重新打松，这样盖起来才能既暖和又舒服。一张棉被可以多年重复使用，节俭又环保。

　　但是如果棉花湿了水，那就会变得又硬又重，再怎么弹也弹不松了。所以粤语就用"湿水棉花"，来形容那些"冇得弹"的人或事物了。

　　弹棉花这个行当，到了今时今日已经很少能见到，可能一来是现在除了棉被还有很多其他材质可以选，二来随着经济状况越来越好，不少朋友被子旧了就直接换新，懒得再去弹了。

　　所以现在的小朋友，大部分都不知道弹棉花是什么回事了，不过"湿水棉花——冇得弹"这个歇后语，还依然为大家所津津乐道。

生骨大头菜

不要让孩子变成『生骨大头菜』

大头菜，又名榨菜，是芥菜的变种，通常用来作为腌制咸菜的原料。咸菜的腌制对于原料大头菜的要求颇高，必须脆嫩柔软，腌出来的咸菜口感才好，如果大头菜种植得不好，茎部又硬又实，那么腌出来的咸菜就不好入口了。

这种种植得不好、又硬又实的大头菜，农民们称为"生骨"，意思是本来应该柔软的菜茎变硬了，就像是里面长了骨头一样。

而造成这种"生骨大头菜"的原因，自然是因为种植的时候没有种好——种坏了。

在粤语里面，"种"和纵容的"纵"，是同音字。所以，粤语里面对于那些不懂事、被娇纵得厉害、惯坏了、品行不佳的小孩，就称之为"生骨大头菜"，背后的意思，就是"纵坏了"。

这个词在使用的时候，因应不同情况、严重程度有所不同。有时作为自谦，说自己的小孩是"生骨大头菜"，情况就不那么严重。但也确实有父母把自己的子女娇纵成"生骨大头菜"，这种情况，我们在新闻里面常常见到。

所以，小孩子变成"生骨大头菜"，责任往往是在父母身上，不是子女天性不佳，而是父母"纵坏了"。所谓"父母才是子女的起跑线"，说得实在有道理。

冬瓜豆腐

冬瓜和豆腐为什么不能一起吃？

在粤语里，"冬瓜豆腐"，是一个很不吉利的词，是遭遇不测身亡之意，与"三长两短"是一个意思。

那么"冬瓜豆腐"这个词是怎么来的呢？原来，以前一家人办丧事，仪式颇为繁琐，所以都会请亲朋戚友过来帮忙。办完之后，惯例上会请来参加丧礼的亲友吃一顿，称为"解秽酒"，其中就必定有冬瓜和豆腐这两味素菜。所以慢慢的大家也就用"冬瓜豆腐"，来形容人遭遇不测而死了。

除此之外，还有一个解释，说的是"冬瓜"体大结实，代表强硬，"豆腐"体小孱弱，代表柔软，但两者摔在地上一样会支离破碎。"冬瓜"、"豆腐"分别象征两种性质完全不同的事物，当遭遇厄运时同样会成为不幸的产物。于是就放在一起，用来象征遭遇不测时，生命都十分脆弱了。

这个丧礼之后吃冬瓜豆腐的习俗，本来不仅限于在广东地区，但可能是广东人对这件事特别讲究和敏感，所以"冬瓜豆腐"这个用来代表死亡的词，似乎也只有在粤语里普遍使用，很少听到有人在普通话里使用。

在北方，冬瓜烧豆腐是一道家常的菜式，很多家庭都会作为日常菜肴。但在粤语地区，冬瓜和豆腐是绝对不能一起吃的。

大龙凤

做一场「大龙凤」

「大龙凤」这个词又龙又凤，听起来似乎是一个挺不错的词，但在粤语里面，其实却略含一点贬义。

"大龙凤"，是广东传统艺术——粤剧衍生出来的一个词，所谓"大龙凤"，原来是香港地区在上世纪六十年代初的一个粤剧团的名称。这个粤剧团有几个拿手好戏，例如《凤阁恩仇未了情》、《蛮汉刁妻》、《痴凤狂龙》等等，风格都是大锣大鼓，大吵大闹，热闹非凡，十分戏剧化。所以香港人就用"大龙凤"来形容那些大吵大闹，或者故意做得十分戏剧化的戏剧类型。

而渐渐地，大家就把"大龙凤"这个词，引申为那些故意做一场好戏给人看，用以欺骗他人或者博取同情的状况。

所以我们看粤语的电视连续剧，听到剧中人说"做翻场大龙凤"，潜台词往往是不怀好意，不是掩饰什么勾当，就是骗取别人的同情信任了。

当然，这个词慢慢用得普遍，也会被用于纯粹形容"做一台好戏"的意思，这时候就不含"演戏骗人"的意味了。

鬼拍后尾枕

通常一个人心里面藏着一些不可告人的秘密，是无论如何都不愿意说出来。但有时候有些人不知道是心思不够慎密，还是忽然间发昏，会无缘无故把这些秘密都说了出来，这个情况，在粤语里面被称为"鬼拍后尾枕"。

鬼究竟有什么特异功能，大家都说不清，但迷惑人心，应该是其中之一，所谓"鬼迷心窍"是也，所以在广府人的想象之中，那些无缘无故吐露秘密的人，肯定是因为被鬼拍了一下后脑勺，于是就不自觉地将秘密一五一十地说了出来，而且往往说完了自己还是一头雾水，搞不清状况，此所谓"鬼拍后尾枕"也。

茄喱啡

也是个演员

大家看周星驰的电影《喜剧之王》，一定都记得戏里面周星驰经常被张柏芝说他是"死茄喱啡"，周星驰对"死"字很有意见，但并不否认自己是个"茄喱啡"。

所谓茄喱啡，是指电影里面那些不重要的配角乃至临时演员，引申开来也泛指现实生活中那些不重要的人。那么茄喱啡这个词是怎么来的呢？

原来，这个词源自于英语单词"carefree"，这个词的本意是无关紧要，在戏行里就被用来称呼小配角或者"临记"。早年香港地区喜欢将英语单词音译成粤语，于是就诞生了"茄喱啡"这个词了。

生草药

原来是骂人的话

广东地区一直以来都有用草药治病的传统，对于那些人工采集的草药，一般称为生草药。直到20世纪四五十年代，广州的市面上还有不少卖生草药的店铺。正因为这些生草药使用十分普遍，所以一些上了年纪有经验的人，往往不用找医生开药，自己就直接用药。尤其对于外伤，或者风湿痛这类常见病，往往就是自己凭经验找些生草药来外敷，用药并不十分讲究。粤语里面外敷称作"罨"，与说话的"噏"字同音，所以就有了句歇后语，叫"生草药，噏得就噏"，指的是一些人信口开河，乱吹一通。

风吹鸡蛋壳

> 财散人安乐

如果大家看过周星驰的电影《唐伯虎点秋香》，应该都记得有句台词，是唐伯虎用来揶揄祝枝山的，叫"风吹鸡蛋壳，财散人安乐"。这句话的出处，原来是来自《增广贤文》里面的一个故事。

话说当年有个人家中十分清贫，所以为人非常节俭。有一次出门坐船，他只带了一个咸蛋，在船上充饥。结果这个咸蛋吃了好几天，他居然还没吃完。有一日，他正坐在船头吃咸蛋，谁知河面上刮起一阵大风，将他的咸蛋吹到河里去，他见伙食没了，唯有哀叹道："风吹灰卵壳，财去人安乐"。灰卵，就是咸蛋，后来这句话就被大家逐渐讲成了"风吹鸡蛋壳，财散人安乐"，用来形容那些不把钱花光都不舒服的人。

十划未有一撇

说的是哪个字？

　　粤语里面形容事情离完成或者成功还有很远，才刚刚开始甚至还没开始，有个说法叫"十划都未有一撇"。划是指笔划的意思，那么这个十划究竟是哪十划，指的是哪个字呢？

　　原来，这句话原本的说法，应该是"十字未有一撇"，说的是以前的人练字，一般都是从横和竖两个笔划练起，先练个十字。如果练来练去都还是写十字，一直没开始练撇和捺，那就是"十字未有一撇"了，形容事情未有进展的意思。后来讲得多了，就慢慢被说成了"十划都未有一撇"，表示事情还差得远的意思。

东莞腊肠

短肚阔封

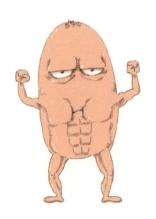

　　腊肠，是非常常见的食品，一般都是长条形，用动物肠衣包裹腊肉而成。但唯有我们广东东莞出品的腊肠，形状与众不同，又粗又短，像一个椭圆形的小球一样。

　　除了形状特别之外，因为用料和制作都很有讲究，所以东莞腊肠的风味也十分独特，广受欢迎，在广东腊肠里面算是上品。因为东莞腊肠又粗又短，里面料足显得很结实，所以后来大家看见那些矮矮壮壮的人，又或者又粗又短的事物，都会开玩笑称之为"东莞腊肠"，于是就有了一个歇后语，叫"东莞腊肠，短肚阔封"了。

虱乸雨

毛毛细雨的粤味说法

对于下雨，广东人有不少有趣的说法，例如毛毛细雨，粤语里面称它为虱乸雨。这个名称是怎么来的呢？

原来，广东地区雨水充足，一般下雨都下得比较大，通常是清明时节才会比较多毛毛雨。本地人见惯大雨，对于这种小雨，很多人都不以为意，觉得不用打伞都无所谓，殊不知这个时节天气潮湿，淋了这种毛毛雨，如果是头发比较浓密的妇女，头上就容易长虱子。所以，这种毛毛细雨就被广东人称为虱乸雨了。

隔篱

不是隔离

　　"隔篱"这个词，在粤语里面是"旁边"的意思，大家要注意，这里"篱"不是离开的离，而是篱笆的篱。

　　古时候没有高楼大厦，一般人家的屋与屋之间，都是用竹或者茅草等植物建成的篱笆相隔，旁边就是隔了一道篱笆，所以称之为隔篱，而邻居，就称为"隔篱邻舍"、"隔篱屋"。

　　这个词在唐诗里面还能找到，例如杜甫的《客至》里面，就有"肯与邻翁相对饮，隔篱呼取尽余杯"的句子。不过到了现代，这个词在普通话里面已经消失了，而在粤语里面就依然保留为常用词。

失匙夹万

有得睇冇得使

在粤语里面，形容那些有钱却没办法花的人，例如那些明明家里很有钱，但被父母限制花钱的"二世祖"，有个很生动的词叫做"失匙夹万"来形容。

夹万，是粤语里面对保险箱的说法。保险箱虽然是现代化的产品，但夹万这个说法却古已有之，所谓夹，原本是指夹层，而万，有一说法是万无一失的意思，也有另一说法是遮蔽的意思，通"幔"。以前有钱人家家里往往都会用夹层收藏财物，称之为夹万，后来有了保险箱之后，因为功能相似，就把保险箱叫做夹万了。而失匙夹万，就是保险箱不见了钥匙，里面虽然有大把财富，却拿不出来，用来形容有钱没得花，确实十分形象。

走鸡

遇到好事咪「走鸡」

广东人喜欢吃鸡，这件事可谓天下皆知，所以粤语里面关于鸡的俚语也特别多，这一次为大家介绍其中一个——走鸡。

无论古今，一般运送活鸡，都是用鸡笼装载，既透气又方便运输。不过如果一旦不小心，鸡笼破损或者被打开，笼子里面的鸡跑了出来，那就是个大麻烦了。因为鸡虽然不会飞，但四处乱跑速度也十分快捷，而且方向不定，要抓住可不是那么容易。

所以粤语里面就用"走鸡"这个词，来形容错过了好机会的情形。例如最近股市大涨，偏偏你之前却把股票都卖掉了，那就是名副其实的"走鸡"了，而劝人切莫错过良机，则称为"咪走鸡"。

卖鱼佬冲凉

会发生什么事？

广东地区地处沿海，所以有不少与水产、水上人家有关的俚语。例如关于"卖鱼佬"，就有个有趣的说法，叫"卖鱼佬冲凉——冇晒声气"。

大家都知道，离开了江河湖海被放在市场上卖的鱼，有一股很大的腥味，卖鱼的人整天跟这些鱼打交道，自然也免不了一身的腥臭味。不过只要好好洗个澡，这股腥味还是能够洗掉的。

粤语里面"腥"和"声"同音，既然卖鱼佬冲完凉，身上的腥气就没有了，于是就被大家引申成"冇晒声气"了。在粤语里面，"冇声气"指的不仅仅是没有声音，还有毫无回音、毫无反应的意思。例如你去求职，投了简历之后毫无回音，就可以说"这个简历投完之后，简直是卖鱼佬冲凉，冇晒声气"了。

打聋通

不是打通通

　　粤语里面形容暗中串通、通水，称之为"打聋通"。这个词很多人搞不清楚，以为是"打通通"，其实这个词别有出处。

　　所谓打聋通，说的是聋人之间沟通方式与常人不同，不用发出声音，而是用手势颜色表情来沟通，这种不出声的沟通方式令人联想起暗中沟通的事，于是大家就以"聋人的沟通方式"来形容那些暗中勾结串通、暗箱操作、私下通水的情况，称之为"打聋通"了。

市桥蜡烛—假细心

　　粤语里面形容一个人无事献殷勤，虚情假意，有个有趣的歇后语，叫"市桥蜡烛——假细心"。大家知道，市桥是广州番禺区的地名，为什么市桥的蜡烛是假细心呢？

　　原来，在清末民初时期，当时的番禺县市桥镇有个蜡烛作坊，老板是个无良商人。为了节省成本多赚钱，他用以次充好的办法，找劣质的线料做蜡烛芯。为了不让人发现，蜡烛露出来的那一段蜡烛芯，他就用又白又细的棉纱来做。买蜡烛的人一看以为是好货，谁知回家之后一用，才发现蜡烛烧到下面就很容易熄火。因为这些蜡烛产自市桥，产量大名声坏，久而久之，就有了这一句"市桥蜡烛——假细心"了。

豉油捞饭，整色整水

　　"整色整水"这个词，在粤语里面是用来形容一个人装模作样、"扮嘢"，这个词的出处有两个讲法。

　　一个是歇后语"豉油捞饭——整色整水，"说的是吃饭没有菜，只好用豉油把白饭捞得好像很美味的样子，做足表面功夫，但实际上还是白饭一碗；

　　而另一个出处，说的是以前大户人家的棺材一般都会用质量好不容易腐烂的楠木，而有些不良商家为了赚钱，用质量比较差杉木来代替，用加工的手法将杉木弄得跟楠木看起来一模一样。其中，整色就是将杉木弄得跟楠木一样的颜色，而整水，则是用泡制的办法，将杉木的纹路也弄得像楠木相似，此所谓"整色整水"也。

粤语里面形容人阿谀奉承，除了拍马屁之外，还有一个讲法：托大脚。这个词的出处据说来源于唐朝的武则天时代。

话说武则天做了女皇帝，虽然没有三宫六院，但养几个男宠也算是题中之义。当时她有个男宠叫冯小宝，很得武则天宠爱。不过因为不想太过张扬，所以安排这个冯小宝出家为僧，还改名叫薛怀义。因为得宠，这个薛怀义一时之间颇有权势，很多人都积极巴结他。他有个随从叫张岌，更是做得十分出位，日常服侍周到之余，一见薛怀义要上马，就马上趴在地上，捧着薛怀义的脚帮他上马。这一幕被人见到，自然看张岌不起，于是就将这种拍马屁的行为称为"托大脚"了。

刮龙

刮的是什么龙？

刮龙这个词，源自于清朝晚期。清朝原来的货币体系是以白银为主要流通货币，但后来鸦片贸易造成了白银外流，而国门大开之后也造成大量国外的银元流入，对当时中国的货币体系造成了很大的冲击。

眼看着外来的鹰洋、佛银等等流通越来越广，清政府也开始铸造银元，以稳定自己的货币和经济，这些银元都是以龙作为图案，所以被称为"龙洋"，在当时是非常受欢迎的硬通货。

所谓"刮龙"，顾名思义，就是搜刮龙洋，也就是搜刮掠夺金钱的意思了。

电灯杉为什么要挂老鼠箱

广东人如果见到一男一女拍拖，一个很高一个很矮，往往会称为"电灯杉挂老鼠箱"。这个词大家听起来非常形象，但现在的年轻人应该没怎么见过电灯杉上面挂个老鼠箱，所以恐怕也很难想象这个词诞生时的情形了。

当年在广州和香港地区，因为卫生环境不好，生活的街区房屋都有很多老鼠，早年更加曾经引发鼠疫。当时的地方政府为了清除鼠害，会将经过药水消毒的老鼠箱挂在路边的电灯杉上，呼吁市民发现死老鼠就扔进老鼠箱，以免造成卫生隐患和疾病传染。

尤其是"除四害"的年代，老鼠箱的密度比现在的垃圾桶还要密，而且还通过居委会向各家各户发布任务，规定一定时间内要消灭多少老鼠。

所以当时电灯杉上面挂个老鼠箱，是大家平时司空见惯的情形，用来形容高矮悬殊的青年男女，也就顺理成章了。

打斋鹤

说的是好人还是坏人？

鹤，自古以来就和神仙联系在一起，有不少神仙都是骑仙鹤的，而一个人去世，也有个好听的说法叫"驾鹤西归"。

以前一个人去世之后，往往都要办一场法事，超度亡魂，让死者得以往生。这场法事粤语里面叫"打斋"。而在打斋的过程中，会焚烧各种物品，纸扎的仙鹤就是其中一种，因为一般认为仙鹤有引领亡者往生极乐的功效。所以就产生了"打斋鹤——度人升仙"的歇后语。

虽然升仙这个词表面上是个褒义词，但实际上却是暗指死亡，所以度人神仙，其实就是教人去死，于是这个度人升仙的"打斋鹤"，也就成为了教唆人做坏事的代名词了。

后来毒品出现之后，升仙又被用来形容吸食毒品之后的迷幻状态，那么度人升仙，就更加不是好事了。

砌生猪肉

被人『砌生猪肉』是很惨的

　　粤语里面"砌生猪肉"，是诬告、"老屈"的意思。我们看港产警匪片，经常见到那些黑社会面对警察，最喜欢讲"你唔好砌我生猪肉啊"，以表示自己是冤枉的。那为什么诬告叫"砌生猪肉"呢？

　　话说以前农村地区逢年过节就会分猪肉，所谓"太公分猪肉，人人有份，永不落空"，分的就是生猪肉了。通常由宗族中的长辈将生鲜猪肉切好，分成一份一份，各家各户各自来领取。因为是长辈分配的，各人自然就不能挑肥拣瘦。

　　后来香港地区的警察在管理不那么规范的时期，有的会把一些未侦破的陈年案件档案，分好一份份放在桌上，强迫疑犯承认，既不能选又不能辩驳，这个情形跟乡下的太公分猪肉时无法选择颇有点相似之处，于是就称为"砌生猪肉"了。

卖大包

包有多大？

　　粤语里面说"大特价"、"大赠送"、"大优惠"，称之为"卖大包"。那么这个大包究竟是什么包呢？

　　话说在20世纪20年代，广州的茶楼竞争激烈。有一家为了招徕顾客，推出一种"抵食夹大件"的特色大包。这个大包有一个碗那么大，里面的馅料十分丰富，有叉烧、鸡肉、烧肉、鸭蛋等等，每个只要二分四银，一个包就能吃得饱，十分优惠。当时有不少手头不宽裕的人，都来帮衬这个大包来当饭吃，令这个茶楼生意十分兴旺。

　　于是很多同行也有样学样，跟着一起"卖大包"，而"卖大包"这个词，也就成了大减价、半卖半送的代名词了。

　　据说，当时广州著名的大同酒家还出过一副关于大包的对联："大包易卖，大钱难捞，针鼻削铁，只向微中取利；同父来少，同子来多，檐前滴水，几曾见过倒流。"读起来笑中带泪，引人深思。

炖冬菇

"炖冬菇"的滋味不好受

打工仔除了怕吃炒鱿鱼和无情鸡之外，"炖冬菇"也是一味不愿意吃到的菜式。所谓"炖冬菇"，是指被降职或者调任一些大家都不愿意干的职位，虽然不是直接开除，但被人炖冬菇的滋味也绝对不好受。

那么"炖冬菇"这个冬菇究竟是指什么呢？

原来，这个词来源于香港。早年，香港华人警察的警帽延续了清朝时期的样式，看起来像个冬菇。因为警察分为制服警员和便衣警员两种，便衣地位比较高，平时也不用穿制服，而制服警员俗称"军装"，除了穿制服，每天还要戴着像冬菇一样的帽子。如果一个军装调任便衣，意味着工作得力，地位提升，是值得高兴的事；而如果便衣被调任军装，那就往往是因为工作能力低，或者犯错之后的惩罚了。

原来的便衣现在每天要戴冬菇帽，对警员来说是件挺没面子的事。所以后来大家就用"炖冬菇"，来形容被降职，或者调任不愉快职位的情形。这个词原本在警界流行，后来逐渐成为了广泛使用的词语。

鱼生粥

怎么做才最好吃？

　　广东人不但好吃，对于吃也颇为讲究，各种菜式的做法都各有不同，也因此衍生了不少俚语。

　　例如鱼生粥，是广东地区颇为受欢迎的传统菜式，做法是将新鲜的生鱼片放进煲滚的粥里，再加上葱花等味料，就做成一道色香味俱全的粤菜。鱼生粥好不好吃，关键在于鱼生放进粥里一起滚的火候，如果时间太长，鱼的口感就会变得粗糙，失去了鲜味，如果时间太短，鱼根本没煮熟，又不够卫生而且口感不佳，所以鱼生粥一定要把鱼生煮得刚刚熟，才是最美味的。

　　由此，就衍生了一句粤语歇后语，叫"鱼生粥，仅仅熟"，形容一件事刚好做成，不多也不少的意思。

豆腐佬担梯

是「成咗例」还是「多此一举」？

粤语的俚语因为历史悠久，口口相传，所以有一些会有不同的说法和版本，例如"豆腐佬担梯"，就是一个有不同解释的歇后语。

第一个说法，是"豆腐佬担梯——成左例"，说的是当年广东科举放榜，通常都是在省城的学宫。有一次，放榜张贴榜单的时候，工作人员忽然发现没有梯子，而学宫旁有个豆腐店，正好这一年他家亲戚名列榜首，于是他欣欣然借梯子给学宫的工作人员。自此之后年年放榜，工作人员都找他借梯，成了惯例，于是就有了"豆腐佬担梯——成左例"的说法了。

而另一个讲法，则是"豆腐佬担梯——多此一举"。说的是以前有个士兵，每日要到城墙贴告示，因为身材矮小贴不高，有个豆腐店老板好心借梯子给他。时间一长，这个士兵养成了习惯，有一日豆腐店老板病了，他借不到梯子，就大骂这个老板。大家觉得豆腐店老板做好事反而被人骂，借梯这个举动实在是多此一举。

两个说法之中，"成左例"的说法似乎比较有说服力，会用的人也比较多一些。而多此一举，我们通常都用另一个歇后语——"除裤放屁"。

沙湾灯笼—何苦

一直以来，广州附近的南番顺地区，也就是南海、番禺和顺德地区，都是富庶之地，所以以前在番禺的沙湾镇，住着不少大户人家。这些大户人家门口通常都会挂个灯笼，上面写着这一户人家的姓氏，姓李写李府，姓陈写陈府。

因为沙湾镇姓何的人特别多，所以当时去到沙湾镇，到处都可以看到写着个"何府"字的灯笼。粤语里面"府"和"苦"是同音字，所以就诞生了一个歇后语，叫"沙湾灯笼——何苦"，用来表达何必如此的意思了。

得个吉

得的是什么吉？

　　粤语里面形容竹篮打水一场空，毫无收获或者希望落空，有个讲法叫做"得个吉"。吉字在粤语里面其实是空空如也的意思，因为粤语的空字和凶字同音，不利是，所以一般用吉字代替。而"得个吉"这个词则源自于当年一个商铺招徕顾客的办法。

　　话说当年某店铺为了提升大家来帮衬的兴趣，在店门口设置抽奖，但凡来帮衬的顾客都可以参加，抽到什么就送什么。但事实上绝大部分人从这个抽奖箱里面抽到的，都是一张写着一个"吉"字的纸条，表示这次没抽中，欢迎下次再来。

　　大家一场欢喜，结果只得一个吉字，于是就用"得个吉"来形容空欢喜或者白忙一场、毫无收获了。

湿柴

为什么粤语里零钱叫「湿柴」？

现在流行网络支付，用现金的机会越来越少，可能很多年轻人连零钱都很少碰了，更不知道零钱的另一个说法——"湿柴"了。

为什么零钱叫"湿柴"呢？原来这个说法起源于国共内战的年代。当时国民政府发行的法币发生恶性通货膨胀，一百几十万都买不到一担米。如此一来，那些面值一千几百的纸币，根本就什么都买不到，于是当时的广府人就把这些买不到东西的钱称为湿柴。所谓湿柴，就是受了潮的柴火，烧不着火。"烧"和"消"在粤语里面是同音字，所以这些没有消费能力的纸币，就和受潮烧不着的柴一样，没什么鬼用。

后来，大家就把买不到什么东西的零钱，也都称为"湿柴"了。

粤语作为语言，一直处于不断的变迁变化之中，不断有新的词汇诞生，也不断有新的内容融入。所以要准确地描述每一个词的源头，实在并不是一件很容易的事情。

　　本书里面的一些传说和典故，在不同的地方往往有不同的说法，有些大致相近只是细节有所出入，有些则完全毫无关联。

　　所以大家在读这本书的时候，不必太纠结于书中的版本与你听说过的故事

后记
postscript

是不是一样，毕竟只是一家之言，多知道一些总是不坏的。

最后，要感谢本书的策划方越秀区图书馆和编委会成员，提供节目播出平台的广东广播电视台文体广播和喜马拉雅FM粤语频道，一直支持我做粤语传播工作的新年文化集团公司，为本书绘画插图的李卓言和韦静雯，以及每一位为这本书的出版做过努力的人。

希望在不久之后，这个《粤趣学堂丛书》系列的下一本书会和大家见面，跟大家分享更多粤语文化里那些有趣的内容。

李沛聪

后记
postscript